U0960232

大学生心理素养提升教程

周少贤　编著

天津大学出版社
TIANJIN UNIVERSITY PRESS

图书在版编目(CIP)数据

大学生心理素养提升教程 / 周少贤编著. -- 天津 :
天津大学出版社, 2024.1
ISBN 978-7-5618-7490-5

Ⅰ. ①大… Ⅱ. ①周… Ⅲ. ①大学生—心理素质—素质教育—教材 Ⅳ. ①G444

中国国家版本馆CIP数据核字(2024)第004487号

出版发行	天津大学出版社
地　　址	天津市卫津路92号天津大学内(邮编:300072)
电　　话	发行部:022-27403647
网　　址	www.tjupress.com.cn
印　　刷	北京盛通印刷股份有限公司
经　　销	全国各地新华书店
开　　本	710mm×1010mm　1/16
印　　张	12.5
字　　数	247千
版　　次	2024年1月第1版
印　　次	2024年1月第1次
定　　价	45.00元

心灵通心理健康教育丛书编委会

小芯： AI情感陪伴机器人，擅长心理辅导和心理咨询，乐于与同学们聊天。

李木木： 大一新生，性格较为柔弱，慢性子，善良但有些缺乏主见，好奇心重却又缺乏探索的勇气，在温馨健康的家庭环境中长大，成绩优异。

王飞飞： 大一新生，性格坚强，勤奋好学，比较自律，为人开朗热情，来自农村，家庭条件一般，在经济条件方面有点儿自卑。

吴乐乐： 大二学生，比较粗心大意，有点儿“恋爱脑”，对未来没有什么规划，每天都是乐呵呵的，看似没什么烦恼，实际上在童年时遭受过家庭变故，内心缺乏安全感。男朋友是赵星星。

赵星星： 大三学生，长相帅气，校艺术社团团长，有考研计划，性格有点儿偏执、敏感。女朋友是吴乐乐。

郑北北： 大四学生，学习成绩不是很理想，从小获得父母的关注较少，家庭氛围不是很好，性格独立，但是脾气有点儿暴躁。

推荐序

看到本书初稿，书名中“心理素养”引起我的注意，让我想起时代热词“心理健康”。两字之差，含意却大不同。心理素养是稳定心理品质，包含从稳定、内源性心理品质到外显行为习惯的多层面组织系统，是个人整体素质最重要的部分。心理素养水平高低，是个体成长性、发展性议题。心理健康则是一种积极、良好心理状态，对应各种心理问题，是心理素养外显标志。心理素养关系大学生未来的社会关系、职业发展及家庭和谐等方面，大学生心理健康教育目标绝不仅仅是预防心理疾病、远离心理危机。从“心理健康”到“心理素养”，体现全书写作的更高立意，目标从“解决心理问题”的“治标”提升到“素养培育”的“治本”。

本书写作逻辑“案例呈现—解决问题”。作者十多年在高校从事心理健康和咨询工作，非常熟悉学业问题、自我意识、人际交往、亲密情感、家庭压力、生命意义感等经常困扰大学生的心理议题，故能从大学生心理素养的实际出发。区别于专业心理学书籍，本书编写舍弃了晦涩的理论知识，依托大学生经典案例，针对大学生关心和迫切希望解决的成长性心理问题，给出解决策略和方法，实用性和可操作性很强。

作者查阅了很多心理健康横断历史研究资料，比如近十年大学生整体心理健康状况、自尊水平、社交恐惧、孤独感、生命意义感等主题年份变化趋势，从社会变迁角度梳理大学生心理发展时代新特点。人的心理发展与历史发展和时代变迁密切相关，当今变革时代，经济发展、科技进步和互联网普及大大改变了大学生的学习方式、交往方式和生活方式。只有了解大学生心理发展的新趋势、新特点，高校心理健康教育工作者才能更全面地走近大学生，大学生才能更好地了解自己。

本书视频资源非常丰富，每章设置一个重点、难点知识讲解，结尾处还选取了5个典型心理问题案例，均以微视频展示。这些视频制作精良，能顺应当下数字化发展要求，有助于提升教师授课效果和学生的学习兴趣。另外每章还设置了心理测评等互动小程序，读者扫码即可参与，并自动分析、呈现结果。这种方式比传统纸质测评更方便快捷且科技感十足，生动性和趣味性都更强。

我觉得本书在吸收以往类似书籍优点的基础上，还体现了很多编写特色和知识方法的更新，虽有不足之处，但贵在内容贴近心理健康教育工作实际，贴近大学生日常生活实际，因此乐于推荐给高校心理健康教师和广大在校大学生朋友阅读。

我相信，本书一定会对读者朋友的教学、咨询和生活产生积极影响。

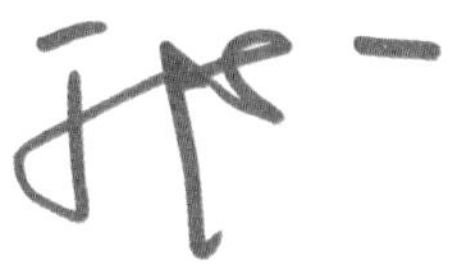

韩布新：中国科学院心理研究所二级研究员、博导、学位委员会主任，中国科学院大学心理系岗位教授，中国心理学会原理事长、临床心理学注册工作组常委，中国老年学与老年医学学会副会长，国家老龄委专家委员会委员，国际应用心理协会（IAAP）原秘书长、七分会（认知老年学）主席，亚洲心理协会（APsyA）主席。

前　言

当今的世界是变化莫测的世界，文化的碰撞、新旧观念的反差、传统与现代的冲突、理想与现实的矛盾以及激烈的社会竞争给人们带来前所未有的冲击和压力。当代大学生作为一个身心发展尚未完全成熟，而所承担的学习任务、家庭责任和社会使命日益繁重的特殊群体，出现各种心理问题的可能性大大增加。良好的心理素养已经成为大学生成长成才的重要基石。同时，大学阶段是同学们形成合理的社会认知、塑造成熟稳定的人格，进而培养良好的心理素养的关键时期。正是这样的社会现实和需要，让我有了迫切地想写这本书的热情。

我是一名多年从事大学生心理咨询工作的教师，无数次手捧茶杯在某个清晨或午后聆听大学生们的故事。故事中所讲述的学业困扰、人际冲突、家庭羁绊、爱情迷茫等，如茶水的涟漪打破了我内心深处的平静，各种焦虑、抑郁、内疚和无助从故事中溢出，让原本热乎乎的茶水慢慢地失去了温度，甚至变得冰冷。好在大多数时候，在经历了一些曲折和摸索之后，同学们都能从痛苦中慢慢走出，就像落入房间里的阳光一样，总能找到枝叶间的空隙、穿透厚厚的玻璃，给阴暗的房间带来温暖、洒下希望。故事讲完，同学们就离开了，但故事里所凝聚的收获与成长、勇敢与坚持却给我留下了深深的印象，就是这些故事让我有了写这本书的勇气和力量。

人们日益关注大学生心理健康问题，越来越多的学者在这个领域开展研究，有研究显示，我国大学生心理健康研究的文献发文量从 1998 年开始逐年增加，到 2003 年大幅度提高。研究热点以心理健康研究对象及心理问题的探索、干预方法及对策、大学生心理健康教育为主。“心理资本”和“心理育人”将是今后研究的新热点。除了学术论文，很多学者还出版了大学生心理健康方面的学术专著、教材、科普读物、工具书等，这些书籍涵盖了大学生心理健康领域的主要问题，既有理论层面的阐述，也有实践领域的探索。大学生心理健康领域丰硕的研究成果是本书写作的基础和依据。

2016 年，我曾出版过一本《大学生心理健康》，由于是第一次写相关方面的书，限于时间和能力，书中内容略显枯燥和宽泛，现在回头来看存在太多的不足。幸运的是，经过几年的积累和反思，可以再次有机会就这个主题进行探索。本书在内容上尝试做了很多调整，力求弥补第一次撰写时的不足和遗憾。全书内容包括心理健康与心理咨询、学业问题与目标规划、自我意识与自信培养、负性情绪与调节策略、人际交往与冲突解决、亲密情感与爱的能力、家庭问题与分化成长、认识生命与热爱生活八个章节。每个章节还加入了一些拓展练习，以增强阅读中的互动性、体验性和生动性。与以往相关教材和研究成果对比来看，本书主要特色体现在以下六个方面。

第一，选择经典案例。讲述大学生自己的故事，精选大学生成长中容易遇到的问题，以案例的方式呈现是本书最核心的特点之一。本书共设计了八章，每一章都以案例引入开始，结尾还呈现了该领域五个最为常见、最为典型的心理问题，并提供具体的应对技巧。比如学业部分会分享案例“如何应对考试焦虑”，人际交往部分会介绍“如何解决寝室冲突”，亲密情感部分会分享“如何尽快走出失恋”等。

第二，注重方法引导。本书旨在引导大学生掌握一系列能够提升心理素养的方法。这些方法贴合大学生心理问题的实际，操作性强，以期能够起到“大学生读完之后就知道该怎么做”的效果。比如在介绍“如何培养乐观的心态”这部分，根据心理咨询和辅导的理论及技巧，系统地整理出“形成辩证的思维习惯”“使用普遍感性策略”“寻找例外”“跨跃时间和空间看待自己”这些方法，实用性非常强，而且很容易操作，帮助大学生把乐观心态落实到实际行动中去。

第三，采用积极视角。提到大学生心理健康，很多人会想到心理疾病、心理障碍这些比较消极的问题，但本书的重点在于大学生心理素养的提升，是成长的视角，是发展的取向。心理素养应该是大学生综合能力和整体素质中非常重要的一部分，关系到大学生未来的社会关系、职业发展及家庭和谐等方方面面，大学生心理健康教育的目标也绝不仅仅是预防心理疾病、远离心理危机。本书根据积极视角的理念，重点关注大学生在自我认同、人际沟通、亲密情感等领域的能力提升。

第四，增加数字资源。智能化、数字化已成为社会发展的主流，更是被大学生群体所喜欢。为此，本书对于核心知识点、经典案例及部分课堂互动，制作了 48 个短视频和 8 个小程序。视频中将会为同学们详细讲解如何应对这些案例中提到的各种困境。这些视频不同于以往很多教材的配套讲课视频，而是更倾向于针对大学生常遇到的某一个具体问题，通过短小精练的讲解，让学生掌握解决问题的策略和方法。小程序包含了心理状态、考试焦虑、原生家庭等相关测试。同学们通过扫码的形式，就可以完成指尖触摸式的线上学习，非常便捷，也很生动。

第五，针对课程编写。大学生心理健康课程是提升大学生心理素养的重要途径和手段，教材是课程教学的基础和前提。我长期在高校讲授“大学生心理健康”这门课程，感觉当前虽然大学生心理健康方面的教材很多，但是对于教学和课程的针对性还有待于进一步提高。因此，本书在编写过程中充分考虑教师的授课需求，结合大学生心理健康课程的内容特点、教学特色，设计了很多教学活动，努力使之成为一本

“老师好教，学生爱读”的好教材。

第六，体现时代色彩。当代大学生的心理健康状况具有鲜明的时代色彩，大学生心理发展中的很多传统问题随着时代的发展出现了新特点，还有一些之前不明显、不典型的问题在新的生活环境下变得很突出、很普遍，如“二胎”“三胎”带来的新型家庭结构给青少年成长造成的各种影响，无数人“内卷”、也有人“躺平”的时代给大学生带来的心理冲突，网络生存、虚拟世界也引发了大学生生活习惯、交友方式、婚恋观念等的变革。本书也会针对这些新型的、时代性的问题给予讨论和分析。

在本书撰写过程中，我的两位研究生邓雯雯和余丽萍进行了大量的资料查找和整理工作；天津大学出版社的秦静编辑和黄莹编辑为本书内容做了非常细致而又严格的把关，并提出了很多宝贵的修改意见；心灵通心理健康研究中心的杨洋老师为本书配套视频的制作付出了大量的心血。感谢他们对本书给予的大力支持和帮助，最后还要感谢这些年信任我、愿意把自己的故事讲给我听的大学生朋友们。虽然本书中的案例均为结合实际的虚构案例，并非100%真实记录，但有很多案例是得益于学生真实故事的启发，是这些故事让本书变得更加鲜活、更加真挚，所以本书也是送给大学生朋友们的礼物，是一名高校心理咨询师最想对大学生们说的一些话！如果本书中的哪一个方法、哪一个结论或者哪一个案例，让大学生们有所收获、改变和成长，那一定是我最期待的事情！

最后祝福所有阅读本书的读者：成长之路从“心”学起，成功之路从“心”做起，幸福之路从“心”走起！

周少贤
2023年7月1日晚写于北京

目　录

第一章　心理健康与心理咨询

故事引入:我的心理还健康吗?

我有一个习惯,就是出门的时候总是担心自己没有锁好门,经常在走到楼下时,突然开始怀疑自己是否忘记锁门了。这个时候我会产生特别强烈的心理冲突,大脑内会出现两个声音:一个声音是“应该锁了吧”,但另外一个更强烈的声音却是“好像真的没锁,必须得回去看看”。一番激烈的思想斗争后,决定上楼再检查一下,结果往往是杞人忧天,门锁得好好的。但更让我不能理解的是下次还会产生类似的问题,即使之前有了多次的“白跑”经历,还是必须上楼检查,否则心里就会感受到强烈的不安。小芯,我这个样子是不是心理不正常?我的心理还健康吗?我是不是有心理问题了?

北北同学,你好!你说的这种情况和心理感受特别常见。很多人都有这样的疑问:我如何判断自己是不是有心理问题,该怎么判断自己的心理到底健康不健康?其实中国有一个著名的心理学家许又新给出了一个简单明确的鉴别标准,你可以依据这个标准,看看自己的心理是否健康。

谢谢小芯!有具体的标准就太好啦,那你能详细跟我说说标准是什么吗?

标准主要有三个：第一个标准是精神痛苦程度；第二个标准是对社会功能的影响；第三个标准是持续的时间长短。

AI支招：

下面我们就结合这三个标准具体看看你的问题。

首先，来看“总是担心没有锁门”这个事情给你带来的精神痛苦程度。如果你感到痛苦，但是通过自我调整，比如听听音乐、锻炼身体，就可以自己走出来，那么就说明痛苦程度还不算严重；但如果你自己通过各种办法，比如和人聊天、转移注意力，却依旧摆脱不了，觉得心里特别痛苦，甚至在每次出现这样的情形时，心态都快崩溃了，那就说明精神痛苦程度比较高了。

其次，来看“总是担心没有锁门”这个事情对你日常生活的影响。如果这个问题对你的生活、工作影响不大，日常的生活、学习和工作还能维持，那说明对你的社会功能的影响很轻微；但如果因为“总是担心没有锁门”导致上课经常迟到，甚至都不能坚持学习，必须频繁地检查门锁，那就说明你的社会功能受到了非常严重的影响。

最后，就是持续的时间。“总是担心没有锁门”这个情况仅仅是偶尔出现，还是每天都会这样，甚至是不是只要出门就得回来查看一下？这些情况代表了问题的不同严重程度，当然，持续时间越长、出现的频率越高，心理问题就越严重。

谢谢小芯，根据你介绍的标准，我觉得自己的情况还算不上严重的心理问题。我偶尔才会出现这种担心，而且它基本没有影响我的生活，更谈不上造成了多大的痛苦，只是我对自己的心理健康状况比较好奇罢了。

第一节　科学认识心理健康

一、心理健康的含义和价值

1. 心理健康的含义

当今世界是变化莫测的，文化的碰撞、新旧观念的反差、传统与现代的冲突、理想与现实的矛盾以及激烈的社会竞争非常容易出现在人们的生活里，给人们带来前所未有的冲击和压力。当代大学生作为一个身心发展尚未完全成熟，而所承担的学习任务、家庭责任和社会使命日益繁重的特殊群体，出现各种心理问题的可能性大大增加。刘桑等人 2022 年采用 CiteSpace 对“心理发展与教育”类别下的 2456 篇论文的关键词进行共现分析，发现大学生、青少年及心理健康等相关主题都是当前社会研究关注的热点，如图 1-1 所示。

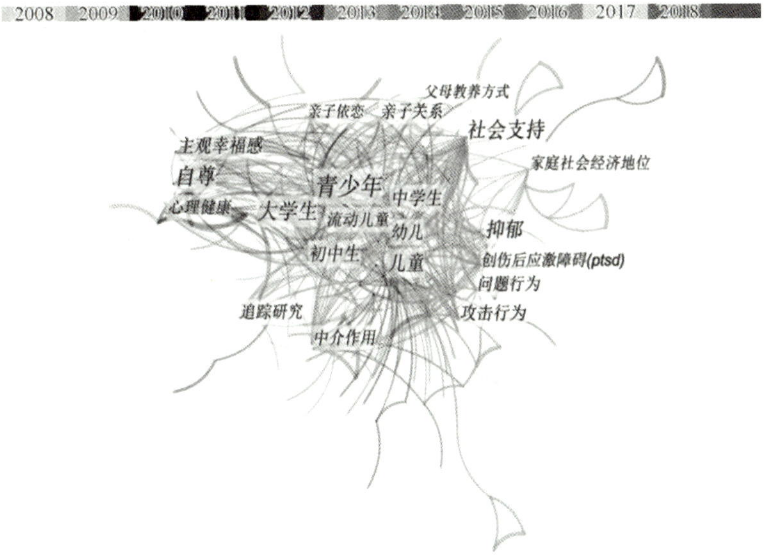

图 1-1　文献计量分析

那么，备受关注的心理健康问题，其含义到底该如何界定呢？综合各类研究来看，对心理健康的阐释大致有三种类型。第一种直接默认为个体心理健康就等同于一个人没有出现心理方面的疾病。第二种则是将某项最显著的特征表现视为心理健康标准，就如同罗杰斯提出的“机能充分发挥”以及马斯洛的“自我实现”与“高峰体验”描述等。第三种则是强调心理健康不应只简单聚焦精神障碍的有无，而是需要探讨个体的功能（如心理、社会、情感等）是否处于完善或良好的状态。

本书采用世界卫生组织在1989年对心理健康概念的界定，即心理健康是指在各种环境中都能保持良好的心理效能状态，并随着环境的变化不断调整自己内部的心理结构，以与环境协调。

2. 心理健康对大学生的重要性

假如人一生的幸福是由“1”和后面的“0”组成，那么“1”就代表健康，后面的“0”就代表你所拥有的一切，比如家人、朋友、学业、事业、时间等。然而，只有当“1”存在的时候，后面的“0”才有意义，才越多越好；如果“1”不在了，那么后面的“0”再多也只是“0”而已。

（1）心理健康是适应新环境与建立和谐人际关系的首要前提

大学生作为社会中最有朝气的群体，需要与人交往。健康的心理是大学生人际交往的基础，只有心理健康，才能够与周围的人建立良好和谐的人际关系，产生较强的归属感和稳定感。从中学到大学是一次重大的人生转折，如何适应大学生活及所处的环境，是每一位大学生所必须面对和解决的问题。心理健康的大学生，能与自己所处的社会环境、学校环境保持良好的接触，对学校、社会的现状有比较清晰、正确的认识，能随着环境的变化主动地进行自我调节，使个人的思想和行为都能与时俱进，从而使自己更好地适应新的生活。

（2）心理健康是智力正常发挥和学习效能提高的必要条件

大学生是同龄人中的优秀群体，智力水平较高，具有较大的智力潜能。心理健康的大学生在学习过程中有强烈的求知欲和浓厚的探索精神。心理健康可以使大学生感到心情愉快、无忧无虑，易于在大脑皮层中形成优势兴奋中心，增强记忆力，活跃思维，充分发挥智力潜能，获得较高的学习效率。

（3）心理健康是身体健康的重要保障

人的生理与心理之间有着极为密切的互动关系，不良情绪会影响人的身体健康。调查发现，大学生中常见的消化性溃疡、紧张性头痛、心律失常、月经失调、神经性皮炎等疾病都和不良情绪有关。临床实践表明，良好的、愉快的情绪有利于人的身体健康。

互动小程序：测测你现在的心理健康状态

二、心理健康的标准

评估你的健康状态

请根据对自己目前身体状况的判断，标出自己在坐标轴上的位置，然后与同学比较一下，看看有什么不同。

健康　　　　　　　　　　　　　　　　　　　　疾病

跟同学比较之后，你自己的坐标位置是更偏向于健康那一方还是更偏向于疾病那一方呢？你所依据的是什么？或许根据肚子疼、头疼、发烧、咳嗽等症状，你的坐标位置偏向于疾病那一方；或许因为没有身体不适、精神好、开心等，你的坐标位置更偏向于健康那一方。

那么，请再次完成下面的测试：根据你目前的心理状态，标出自己在坐标轴上的位置，然后跟同学比较一下，看看有什么不同。

心理健康　　　　　　　　　　　　　　　　　　心理疾病

跟同学比较之后，你自己的位置更偏向于哪一方呢？此时你所依据的又是什么呢？

由上面的拓展活动可以看出，要判断自己的心理是否健康需要依据一定的标准。那么，我们依据什么标准呢？就目前来看，世界上并没有一个统一的标准，不同学者对心理健康的标准也提出了不同的观点。如世界卫生组织对心理健康制定了 7 条标准：智力正常；善于协调和控制情绪；具有较强的意志和品质；人际关系和谐；主动地适应并改善现实环境；保持人格的完整和健康；心理和行为符合年龄特征。

美国心理学家马斯洛和密特尔曼提出了心理健康的 10 条标准，即①具有适度的安全感；②具有适度的自我评价；③具有适度的自发性与感应性；④能与现实环境保持良好的接触；⑤适度地接受个人的需要；⑥有自知之明；⑦能保持人格的完整与和谐;⑧有切合实际的生活目的;⑨具有从经验中学习的能力;⑩在团体中能与他人建立和谐的关系且在不违背团体的原则下能保持自己的个性。

我国清华大学樊富珉教授认为一个心理健康的人应该有以下特点:①能保持对学习较浓厚的兴趣和求知欲;②能保持正确的自我意识,接纳自我;③能协调与控制情绪,保持良好的心境;④能保持和谐的人际关系,乐于交往;⑤能保持完整统一的人格品质;⑥能保持良好的环境适应能力;⑦心理行为符合年龄特征。

结合这些学者的观点,我们可以发现自我意识健康、情绪健康、人际关系和谐、人格完整统一和心理调适能力良好是判断心理健康常用的几个维度。

第一,自我意识健康。自我意识反映个体对于自己的认识、评价和自我调节是否符合现实且倾向于积极评价,这是评估内部心理健康状态的一个重要方面。自我意识包括自我认识、自我体验和自我调控,自我认识包括个体的自我感觉、自我观察、自我分析和自我评价等方面;自我体验属于情绪、情感的范畴,主要包括自尊、自信、自卑、自负、自责、自豪感等方面的内容;自我调控是指个体对自己的心理、行为和态度等方面的调节,主要包括自主、自立、自律、自我教育、自我控制等方面。

第二,情绪健康。情绪健康通常是指情绪成熟、稳定,不易产生剧烈波动。拥有健康情绪的个体能够做出与环境和谐的情绪反应。这些情绪反应不仅要适应所处的环境和氛围,而且还要适应个体的年龄、文化背景以及社会地位和身份。

第三,人际关系和谐。人际关系和谐即个体的交往能力、沟通能力和社会支持状况良好。人际交往属于个体与外部关系的状态描述。心理健康的个体,在人际交往中能够适度地表现自己,主动地建立关系。在维持关系的层面,他们会从关系中获得支持,也会给予别人爱和理解。这也是以往大量的研究所充分探讨的层面,例如社会支持与心理健康的关系、心理健康的个体的情商等。

第四,人格完整统一。人格是人类心理特征的整合统一体,是一个相对稳定的结构,人格在不同时间、地点都影响着人的内隐或者外显的心理特征和行为模式。人格健康主要包括两个方面的内容:一是人格结构完整并协调一致,二是悦纳自我。人格结构完整是指人格的每个部分都存在,并且每个部分都协调、平衡发展。悦纳自我是指个体对自身以及自身所具有的特征持一种积极的态度,接受现实的自己,不因为自身的优点而骄傲,也不因为自己的缺点而自卑。

第五,心理调适能力良好。心理调适能力主要包括自我调节、控制能力以及应对压力的能力。从心理学角度讲,心理调适是人们自觉主动地应用心理学原理,通过疏导、支持、解释、启发、教育等手段,解决学习、工作、生活中的心理问题,减轻或消除不良情绪症状,改善认知水平,消除不良行为,提高社会功能和社会适应力,并促进人格成熟，恢复心理健康的过程。良好的心理调适能力的具体表现是个体能够做到自觉、能动、有选择地改造和利用环境，使生活过得充实而有意义，即使遇到挫折也能很快调整心态。

三、心理健康与心理异常的区分

1. 心理异常的定义及特点

心理异常是指人的心理过程和个性心理特征发生异常，包括认知、情感、意志及人格等方面表现异常。出现心理异常会表现出如下心理特点。

第一，具有强烈的心理反应，如出现思维上的判断失误、思维敏捷性下降、记忆力下降、头脑空白感、强烈自卑感与痛苦感、缺乏精力、情绪低落、阴郁、紧张、焦虑、行为失常、意志减退等。

第二，明显的生理不适感。心理异常可能会影响消化系统，出现食欲缺乏或便秘、腹泻等症状；也可能会影响心血管系统，可出现心慌、胸闷、头晕等症状；还可能会影响内分泌系统。

第三，社会功能受损，痛苦感极为强烈，甚至觉得活着不如死了好，这已经是较为严重的情况。

2. 心理异常的分类

在教育中，通常根据心理异常的严重程度将心理异常分为心理困扰、心理障碍和精神病三大类。

心理困扰是最常见的心理问题，指由于环境、人际关系、情感变化以及工作、学习压力等所引起的心理困惑，即个体的一种暂时性的紧张、烦恼、压抑等状态，一般持续时间较短，症状较轻。这种状态每个人都会遇到，只要稍加自我调适或进行心理咨询，便可摆脱困扰状态。这只是一个心理健康的人暂时遇到了一些心理问题，不属于心理疾病的范畴。

心理障碍属于心理疾病较轻的一个层次，其常见的有神经症（包括神经衰弱、焦虑症、强迫症、恐惧症、抑郁性神经症等）、性心理障碍、行为障碍和人格障碍（包括偏执型人格、分裂型人格、攻击型人格、依赖型人格、自恋型人格、反社会人格等）。

精神病包括精神分裂症、偏执型精神病、情感性精神障碍和精神发育迟滞等，这是心理疾病较重的一个层次。其患者失去了正常的劳动能力和生活能力，不会像心理障碍者那样有愿望摆脱疾病或主动求医，而是出现了严重的思维和行为障碍，不愿求医。

3. 判断心理异常的维度

日常生活中，我们如何去判断自己是否出现了心理异常呢？这里向大家介绍判断心理异常的几个维度。

第一，异常心理发生的频度。偶尔发生的异常心理可能不足以确诊为疾病，但是经常发生的异常心理现象则可能形成心理障碍等心理疾病。

第二，异常心理的持续时间。异常心理持续的时间越长，那么心理障碍的可能性就越大，从而导致个体出现心理障碍或心理疾病。

第三，异常心理发生的严重性。这种严重性主要是从以下几方面来判断得出的：是否影响本人的社会功能；是否使本人感到痛苦；是否已影响到他人的生活。

心理健康的“灰色理论”

国内学者张小乔提出了心理健康的“灰色理论”概念（图 1-2），即人的精神正常与不正常没有明显的界线，而是一个连续变化的过程。如果将人的心理正常比作白色，心理不正常比作黑色，那么在白色与黑色之间存在着一个巨大的缓冲区——灰色区。灰色区又可划分为浅灰色区与深灰色区。浅灰色区只有心理冲突而没有人格的障碍，其突出表现为由失恋、考试失利、丧亲、工作学习不顺心、人际关系不和睦等生活矛盾带来的心理不平衡与精神压抑。深灰色区的人则患有某种异常人格障碍和神经症，比如强迫症、恐人症、癔症、性心理障碍等。一般而言，浅灰色区域与深灰色区域之间无明确界线，后者往往包含前者。

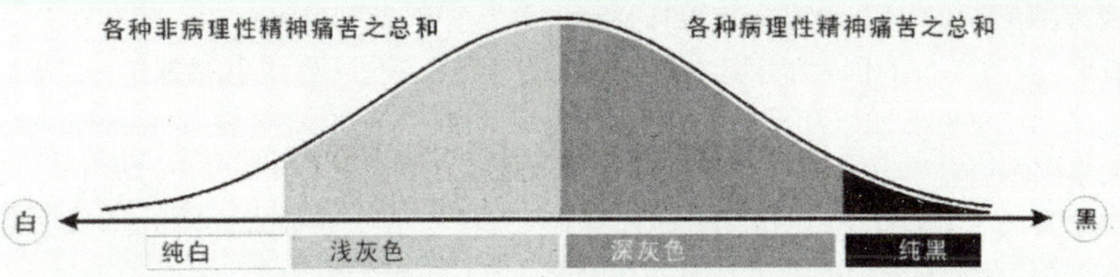

图 1-2　心理健康的灰色理论

心理健康的灰色理论告诉我们，心理健康不是绝对的，大多数人都处在绝对健康与精神病患者的中间状态，即灰色状态。有不健康的心理和行为表现与心理不健康是不能画等号的。因为心理是一个不断变化的状态，它并不同于生理，如体温、脉搏、血压等可以通过检查来判断各个指标是否处于健康范围之内。心理健康和不健康之间并没有一条明确的界线。

第二节　了解大学生心理健康新状况

一、大学生心理问题出现的比例显著增加

大学生的心理问题是否突出、心理问题到底有多严重，目前仍存在很多争议，人们对目前大学生的心理健康状况仍众说纷纭。为此有很多研究对我国大学生心理健康问题的检出率进行了调查，如有研究对 2010—2020 年我国大学生主要心理健康问题检出率及影响因素进行元分析，结果表明，睡眠问题、抑郁、自我伤害在大学生心理问题中较为突出；近 10 年，大学生焦虑、抑郁、睡眠问题和自杀未遂的检出率显著上升。这一结果说明，大学生心理问题出现的比例从整体来看有显著的增加趋势，心理问题日益普遍。

二、抑郁和焦虑是困扰大学生心理健康的主要问题

中国科学院心理研究所、社会科学文献出版社联合发布的《2022 年大学生心理健康状况调查报告》（以下简称《报告》）显示，当代大学生心理健康状况总体良好，考研是影响大学生心理健康的风险因素。《报告》指出，大约 21.48%的大学生可能存在抑郁风险，45.28%的大学生可能存在焦虑风险。有研究者以北京市某高校 2008—2017 年 10 年间入学的大一学生为调查对象，分析其情绪特点及发展新趋势，结果发

现：近 10 年大学生的情绪困扰以抑郁和焦虑为主，且两种情绪有日益严重的趋势。有研究者为探究我国大学生社交焦虑水平随年代的变化趋势，运用横断历史研究的方法，对 1998 至 2015 年间 105 篇采用 Leary 编制的交往焦虑量表（IAS）测量我国大学生（共包括 44554 名被试）社交焦虑的研究报告进行元分析。结果发现 1998 至 2015 年大学生的社交焦虑均值与年代有显著正相关，即大学生的社交焦虑水平在逐年上升。同时与女生相比，男生社交焦虑水平的上升趋势更明显。

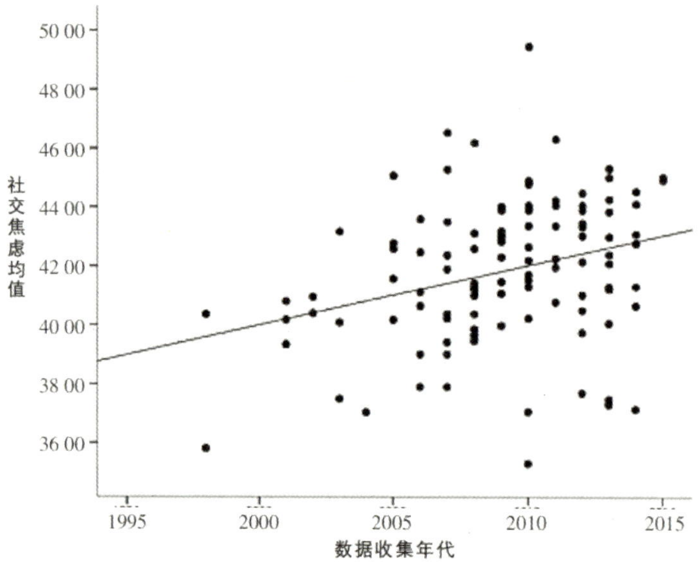

图 1-3　1998 至 2015 年大学生社交焦虑与年代的相关

摘自《中国大学生社交焦虑变迁的横断历史研究：1998-2015》

三、大学生整体心理健康水平逐步提高

虽然大学生出现心理问题的比例有明显增加，大学生群体很容易出现焦虑、抑郁等情绪困扰。但随着全社会对大学生心理健康的重视、高校心理健康教育水平的不断提升，大学生心理健康水平有逐渐提升的趋势。有研究对 1986—2010 年的 237 项采用 90 项症状自评量表（SCL-90）的研究报告进行了横断历史的元分析，以考察 30 多万名大学生所测出的 9 个方面心理问题随年代的变化趋势。结果表明：这 9 个方面的心理问题与年代之间均呈负相关，即随着年份的增加，大学生所表现出来的心理问题的严重程度显著下降。其中，偏执、人际关系、抑郁、敌对等几个心理问题的下降程度最明显。这说明 25 年来大学生心理健康的整体水平在逐步提高。

这一结论看似与前文提到的“大学生心理问题出现的比例显著增加”有些矛盾，但其实这两个结论并不是完全对立的。因为随着近些年高校大学生心理健康教育工作的深入，越来越多大学生的心理问题显露出来，仅从心理问题的发生数量和发生频率这个角度来衡量大学生心理健康水平有些片面。近些年，高校加大了对大学生心理健康教育工作的投入，越来越多大学生的心理问题都得到了及时的发现以及有效的干预和治疗，这说明心理健康教育工作已初见成效，大学生心理健康水平应该是提高了。当然，大多数大学生心理健康水平的提升，并不代表要对大学生可能存在的严重心理问题放松警惕、予以忽略。

全国大学生心理健康日

为引导大学生关注自身的心理健康，2000 年，由北京师范大学倡议，十多所高校响应，并经北京市团委、学联批准，确定每年的 5 月 25 日为北京大学生心理健康日，“5·25”的谐音是“我爱我”，意为关爱自我、了解自我、接纳自我。2004 年，中国共青团中央、中华全国学生联合会向全国大中学生发出号召，也发出倡议，将每年的 5 月 25 日确定为“全国大中学生心理健康日”。当年活动的主题是大学生人际交往和互助问题，口号为“我爱我——走出心灵的孤岛”，图 1-4 为大学生心理健康日宣传海报。

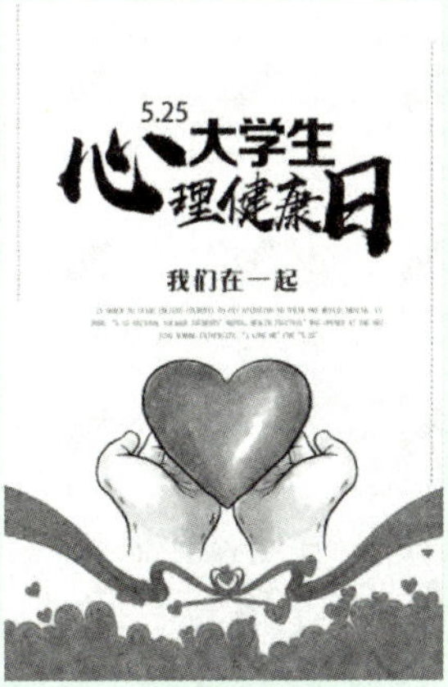

图 1-4　大学生心理健康日

心理健康的第一条标准就是认识自我、接纳自我、能体验到自己存在的价值、乐观自信，这样的人才能用信任、友爱、宽容、尊重的态度与人相处，能分享、接受、给予爱和友谊，能与他人同心协力。

四、当代大学生心理健康的几个特殊问题

随着生活水平的日益提高和物质资源的极大丰富，新时代大学生的思维方式已经从经验型转向理论型，而且思维的独立性、批判性和创造性都在增强，他们在心理方面的需求开始增多，尤以精神方面的需求为主，他们更愿意思考人生的意义和价值，追求“诗和远方”的精神世界。同时，信息网络的发展使他们接受了大量的信息，具有较强的自我思考能力，情绪更加丰富。

1.“空心病”现象

“空心病”这一概念最早在2016年由北京大学徐凯文教授在“时代空心病与焦虑经济学”的主题演讲中提及，是指一种由于价值感或人生意义感缺失所导致的不良心理状态或消极心理现象。在当代教育体系下，青少年往往以优异的学习成绩作为其人生目标，也常常因此获得老师和家人的赞扬。当其真正进入大学后，即使在生活、学习、工作等方面游刃有余，但内在价值感与意义感的缺失、精神追求的缺乏，也容易使之出现“空心病”现象。“空心病”的具体表现为：第一，有比较强烈的厌学情绪或找不到学习的意义；第二，缺少对自我定位和自我需求的正确认知，找不到目标或者方向，并因此感到烦躁，不知道自己到底要干什么，甚至“不知道自己是谁”，就像陷入了某种恶性循环，越急越乱，根本无法静下心来思考；第三，人生意义感、价值感的缺失，容易让大学生持久地陷入消极痛苦的心理状态。

2.“佛系”青年

高校中的“佛系”青年主要是指披着“佛系”的外衣，借着“佛系”的名义，试图掩盖其悲观失落的低迷心理或麻木颓废的生活态度的学生群体。原本学业优异的学生在进入高校后，面对高手如云、竞争激烈的现实，如若不能及时调整自身动机、状态和发展目标，就有可能低估自身价值，放弃对未来的追求与期待。其主要表现是在日常生活与学习中得过且过，在面对挫折或者困难时采取消极逃避的防御策略。

当然，这种“佛系”的态度也可能只是大学生寻求群体身份认同或自我嘲解的方式，通过这种自我嘲解的方式来进行情绪宣泄。大学生中的“佛系”青年现象反映的

是部分青年学生群体安于现状、缺乏精神动力、丧失生活热情、迷失目标方向的生存状况，“佛系”态度在一定程度上确实可以帮助高校学生缓解现实压力、释放不良情绪，但其潜在的不良影响也是不容忽视的。从长远来看，这种低自我价值感和效能感很容易导致个体心理上的习得性无助，陷入自我放逐的泥潭中无法自拔。

3. 沉迷于网络

互联网世界具有匿名性、便利性、虚拟性等特征，这为在现实生活中不愿或不能随意表露自身情绪与观点的大学生提供了便利的平台。大学生沉溺于网络，有以下几个典型的行为：第一，网络成瘾，依赖网络逃避现实中的挫败，在网络世界里寻求自我认同和自我价值感；第二，不辨真伪地传播信息，以“愤青”的形象肆意表达敌意和攻击情绪；第三，热衷于负面情绪的宣泄，做出言语谩骂或中伤的行为，思维比较极端偏执；第四，进行虚假自我的构建，以获得自我价值感和自尊感的满足，最典型的表现就是朋友圈里高倍美颜的各种帅哥和美女的“照骗”现象。

基于网络流行语，给大学生心理画像

有研究者以 2021 年网络流行语为例，借助百度指数平台，以各网络流行语的“搜索指数整体日均值”作为指标，衡量其搜索热度的差异，得到词云图（图 1-5）。其中，“躺平”“普信男”等社会文化类流行语以及“emo（网络语，忧郁、伤感）”“破防”“YYDS（网络语，永远的神）”等个人表达类流行语在公众中搜索及使用的热度较高。对于这一现象，请思考下面两个问题。

1. 这些网络流行语的使用，体现出大学生心理健康的哪些新特点？

2. 出现这些新特点的原因是什么？

图 1-5 “00 后”大学生群体网络词云画像

（摘自《“00 后”大学生群体画像：基于网络流行语的研究》）

第三节 正确看待心理咨询

一、心理咨询及服务原则

当今我国学生群体存在心理问题的情况凸显，故对心理健康问题需要更加重视。那么，日常生活中，当你出现一些心理问题时，比如持续性的心情低落、遇到的问题使你产生了巨大的压力、失恋而无法从伤心中走出来、面对既定的事实无法接受、对自己的未来充满迷茫、对自己的外貌不自信等各种问题，你会选择向谁寻求帮助呢？心理咨询或许是你的一个很好的选择。

1. 心理咨询的含义

心理咨询（psychological counseling）是指运用心理学的方法，为心理适应方面出现问题并企求解决问题的求询者提供心理援助的过程。需要解决问题并前来寻求帮助者称为来访者，提供帮助的咨询专家称为咨询师。来访者就自身存在的心理不适或心理障碍，向咨询师进行述说、询问与商讨，在其支持和帮助下，分析问题的症结，进而寻求摆脱困境、解决问题的条件和对策，以便恢复心理平衡、提高对环境的适应能力、增进身心健康。

2. 心理咨询的对象

心理咨询最一般、最主要的对象是健康人群或存在轻微心理问题的人群，它有别于极健康人群，也和心理治疗的主要对象有所不同。来访者的问题主要是生活中的适应和发展问题，如人际关系问题、学习和职业选择问题、亲密关系问题、家庭问题等。心理治疗的对象则是具有明显的心理行为障碍或疾病的患者，如各种神经症、行为障碍等心身疾病的患者，服务对象通常被称为病人或患者。

3. 心理咨询的分类和形式

在心理咨询的分类和形式方面，根据咨询的内容，心理咨询可以分为发展咨询和健康咨询；根据咨询的规模，可分为个体咨询与团体咨询；根据咨询采用的形式，可分为门诊咨询、电话咨询和互联网咨询。这里介绍一下发展咨询和健康咨询，因为它涉及个体在遇到什么问题的时候可以寻求心理咨询。

发展心理咨询可以帮助人们挖掘心理潜力，提高自我认识的能力。当自我认识出现偏差或障碍时，可以通过心理咨询得以解决。发展咨询涉及的内容有很多，比如青春期身心发展的不平衡、社会适应问题、性心理知识、男女社交与恋爱、择偶与新婚、人际关系以及择业、失业与再就业等。

健康心理咨询的对象究竟是哪些人？个体觉得心理不够健康的人，都是心理健康咨询的对象。也就是说，如果个体因为某些社会刺激而引起心理状态紧张，且明确地体验到生理或情绪上的困扰，都可以成为健康心理咨询的对象。因此，凡是生活、工作、学习、家庭、疾病、康复、婚姻、育儿等方面出现了心理问题，进而产生了不适或痛苦体验，都可以寻求健康心理咨询。

4. 心理咨询的基本原则

（1）保密原则

保密原则是心理咨询的首要原则，它既是双方建立信任咨询关系的前提，也是咨询进程顺利开展的基础。这一原则要求做到以下几点。

第一，心理咨询师有责任向来访者说明心理咨询工作的保密原则，并将保密原则的例外状况告知来访者。

第二，咨询师在服务的过程中如果需要录音和录像，需要提前征得来访者的同意。咨询师要妥善保管来往信件、测试资料等材料，在没有得到来访者同意的情况下，不得将与来访者相关的信息或者资料透露给任何人或者机构。在因工作需要的情况下，如果涉及了来访者的相关信息，需要隐去来访者的真实姓名、家庭住址等内容，以防对来访者造成伤害。

第三，如果在咨询的过程当中，为了更好地为来访者提供服务，或者因其他工作的需要而需要他人在场，咨询师必须征得来访者的同意。

需要注意的是，如果咨询师发现来访者可能会危害自己或者他人生命安全的时候，需要打破保密原则，及时地通知来访者的亲人或者相关部门。

（2）信赖原则

良好的心理咨询是建立在相互信任的基础之上的，只有相互信任，才能更好地进行沟通，更好地聚焦于来访者的问题，互相理解，双方共同为解决问题而努力。但是，咨询师和来访者相互信任的关系仅仅出于工作的需要，而且仅仅止步于咨询室内。心理咨询师不能够利用来访者的信任在咨询中寻求个体私利等方面的满足和实现。另外，在咨询室外，心理咨询师和来访者不能有任何的私密接触，双方不能因为相互信任而主动地约见对方。

（3）助人自助原则

俗话说"授人以鱼不如授人以渔"，助人自助指的是咨询师不仅要协助来访者解决问题，同时也需要帮助来访者发现自我潜能，使来访者能够自己解决自己的问题。心理咨询的性质是助人自助，在咨询过程当中，咨询师不解决具体的事件，而是帮助来访者学会自助。日常生活中，很多的来访者都希望咨询师能够给出解决问题的具体建议，解决自己的困扰，走出现实的某种困境，但事实上，咨询师更多的是引导来访者认识自己的问题，自己分析问题产生的根源，使来访者发现自我解决问题的能力，帮助来访者掌握解决问题的思路和方法，这才能从根本上解决来访者的问题。

（4）非评判原则

非评判原则要求咨询师在服务的过程当中，站在价值中立的立场上，尊重来访者的家庭观念、对来访者表现出的想法和做法表示接纳，不做道德性的评判。即不能用自己的价值观念或社会公认的价值观念去评判来访者，更不能将自己的价值观念强加给来访者。但是，我们也要明白，非评判并不等于认同或者赞同来访者的一些思想或行为。

（5）平等原则

心理咨询是来访者和心理咨询师平等交流和互动的过程。平等原则要求咨询师应该平等待人，而不是以专家的身份自居，觉得自己具有心理学方面的专业知识和相关技能、接受过专业的培训，便认为来访者处于弱势、处于被救助的位置，就对来访者居高临下。咨询师和来访者平等交流能够营造一个舒适、自由、和谐的环境，能够使来访者放下戒备，自由、轻松地表达自己，更能够达到咨询的目的。

（6）时间限定原则

心理咨询必须有一定的时间限制，一般规定每次 60—90 分钟（初次受理时的咨询可以适当地延长），原则上不能够随意地延长咨询的时间或者间隔。通常的咨询频率为一周一次，如果遇到了特殊的情况，可以将频率提高至一周两次。在长期咨询的后半段，也可以将咨询频率降到两周一次。

（7）“来者不拒、去者不追”的原则

“来者不拒”指的是咨询师要对所有的来访者一视同仁，不能因为年龄、职业、性别、价值观等任何方面的因素而歧视来访者，对来访者不能区别对待。“去者不追”则强调“寻求心理咨询是基于来访者心理需要的自愿行为”。从原则上来讲，到心理咨询室寻求帮助的来访者必须是完全出于自愿，咨询师一般不会主动去追寻没有咨询意愿的人。

咨询对话节选

心理咨询与一般的聊天有什么不同

扫码观看视频中的这一心理咨询片段，看完之后讨论：

1. 这个咨询片段体现了哪些心理咨询的原则？

2. 看完之后，你对心理咨询是否有新的看法？

3. 今后生活中，如果你遇到一些心理问题，是否会寻求心理咨询的帮助，为什么？

二、心理咨询的常见误区

误区一：接受心理咨询的人都是心理有问题、有毛病甚至患有严重精神疾病的人。

心理咨询的对象主要是在日常生活中遇到困难或挫折而产生心理困扰的正常人群。心理障碍患者占心理咨询对象人群的一小部分，诊治发病期的精神病人是精神科医生的职责而并不属于心理咨询师的能力范畴。对大学生来说，如果在成长的过程中遇到了如学习压力、就业压力、人际关系处理不好、失恋等问题，都可以寻求心理咨询师的帮助，以使自己获得更好的发展。因此，接受心理咨询的人并不都是心理不健康的人。

此外，轻度的精神疾病患者和正在治疗康复的重度患者对自己的病情有一定的认识和了解，他们在接受药物治疗的同时，也会寻求心理咨询师的帮助，以进一步获得心理上的康复。

心理咨询的对象——谁需要心理咨询?

1. 个体心理健康但追求高质量生活和更好发展的人

来访者向心理咨询师求助并不都是因为受到了打击或者由于压力造成的，也可能是为了获得更好的自我发展而寻求帮助。比如，一位大学生学习成绩良好、师生关系和谐，他觉得人际关系对于自己的发展很重要，于是寻求心理咨询师的帮助，希望更好地提高自己的人格魅力，获得更高质量的发展。这类人群并没有在现实生活中出现心理问题，主要是为了寻求自身的不断发展。

2. 突然遭遇变故而心理出现问题的人

即便是一个心理健康的人，在遭遇突发事件后，也会出现各种心理反应，甚至会受到长久性的影响。在这种情况下，自己和周边的人无法解决个体面临的问题，那么就需要通过心理咨询来恢复。比如遭遇自然灾害后的应激反应，日常生活中遇到的压力或者打击等，都可以通过心理咨询来获得帮助。

3. 个体人格存在缺陷需要长期修复的人

人格是指一个人与社会环境相互作用表现出的一种独特的行为模式、思维模式和情绪反应的特征，也是一个人区别于他人的特征之一。人格是在遗传的基础之上，在家庭、学校和社会等多种因素综合作用下形成的，一旦形成，便很难改变。个体由于各种因素的影响会存在一些人格缺陷，比如自卑、自负、过度以自我为中心等，会直接影响自己的处世态度、行为习惯，从而使自己陷入某种心理困扰当中。如果要改变一定的人格缺陷，则需要获得长期的帮助，那么可以寻求心理咨询师的帮助。

误区二:心理咨询师几乎无所不能,什么问题都能解决。

谁都不是万能的。心理咨询是一个连续的、艰难的改变过程,影响咨询效果的因素很多。来访者的个性及生活经历等积沉已久,没有强烈的求助、改变的动机,没有恒久的决心与之抗衡,是难以改变的。因此,心理咨询师并不是万能的,不可能解决所有的问题。

误区三:心理咨询就是给出解决方案,解决个体的问题。

有人认为心理咨询的成效30%取决于咨询师，70%取决于来访者。咨询师只起分析、引导、启发、支持、促进来访者人格成长的作用,他无权把自己的价值观和意愿强加给来访者,更不能代替来访者去思考、去改变、去做决定。心理咨询师通常一步步地引导个体,使个体发现、分析自己的问题,帮助来访者自己找出解决问题的方案,使来访者自己做决定和努力。

误区四:我的心理素质好,我能够解决自己的问题,不需要心理咨询。

很多的来访者在出现心理问题的时候,往往会觉得自己就可以解决问题,但是最终心理问题不仅没有解决反而是更加严重了,最后导致心理疾病,使自己更加痛苦。因此,当个体意识到自己可能存在一些心理问题的时候,应该寻求身边心理咨询师的帮助,以防止出现更大的心理问题。心理咨询就像一面镜子,可以使个体从各个角度来了解自己。

误区五:去做心理咨询是一个不好的事情,会影响他人对自己的看法。

目前还有相当一部分人觉得去进行心理咨询就是不光彩的事情,是丢人的。这种想法本身就是错的。心理咨询是促进个体成长和发展的最佳途径之一,是预防心理障碍的有效方法,能够提高个体的生活质量。同时,心理咨询师遵守保密的原则,一般情况下未经来访者同意不得将与来访者相关的任何信息透露给他人,因此他人是不能从咨询师那里获得跟来访者相关的信息的。

误区六:心理咨询就是聊天,和思想政治工作没有什么区别。

心理咨询是咨询师运用心理学的方法,对心理出现问题并企求解决的来访者提供心理援助的过程。专业的心理咨询不同于一般意义上的聊天,虽然谈话是心理咨询的主要方式,但是真正的心理咨询不仅仅是言语的沟通,其中还有很多心理调整技术和方式,比如行为的训练、心理的分析等。心理咨询利用心理学的专业理论知识,也利用社会学、医学等方面的知识,有科学的理论体系和严格的操作规程,从而达到解决心理问题的目的,协助来访者解除心理危机,促进人格的发展。这与朋友聊天、亲友的劝解安慰、老师的教育及思想政治工作有较大区别。

误区七:心理咨询应该是一次就能解决问题。

俗话说“冰冻三尺非一日之寒”，许多问题的出现是多种因素综合作用的结果，一次心理咨询并不可能一下就解决问题。心理咨询并不等同于药物治疗，无法做到立竿见影。心理咨询是帮助来访者认识到自己的问题，提供一些认识自己、分析自己、解决问题的具体方法，完全解决问题需要来访者持续性的努力。一般而言，心理咨询需要持续4—8周的时间，一周一次，一次60—90分钟。

误区八：心理咨询太贵了做不起。

价格是阻挡一部分人寻求心理咨询的一个原因。目前心理咨询的市场均价是400—800元/小时，个体可以选择能够负担得起的价格，根据心理问题的严重程度决定需要咨询的频次，并非越贵的咨询师越适合。此外，还有一些低价或免费的心理咨询，比如中小学心理咨询室或者大学生心理咨询中心、街道办事处及居民社区成立的心理咨询室、社区心理服务中心、公益性援助机构等。

国家或地方性心理咨询热线

共青团中央青少年心理咨询和法律援助全国统一热线电话：12355。

全国希望24小时统一心理危机热线：400-161-9995。

卫健委政府公益热线：12320。

本地的心理咨询热线：请自行在网页搜索“地区名称+免费心理咨询”。

三、学会主动寻求心理咨询

2021年出版的《心理健康蓝皮书：中国国民心理健康发展报告（2019—2020）》显示：大学生中将近九成知道本校有心理健康中心为学生免费提供心理咨询，但仅有21.4%的大学生使用过心理咨询服务。由此可见，寻求心理咨询的状况不容乐观。

心理咨询是正常缓解心理压力、提高心理承受能力的最有效途径之一。心理咨询可以促进自我的觉醒、深入地反省自己和认识自己；能够促进个体的情绪宣泄，稳定情绪；可以帮助个体改变不合理的心理认知，正确地看待人和事情，接纳现实并积极应对现实；能够提高个体解决自我问题的能力，提高自我效能感。因此，当遇到心理问题的时候，要学会主动地求助心理咨询师。

学会主动寻求心理咨询需要以下几个步骤。

1. 了解心理健康和心理咨询的重要性

心理健康是人类健康的重要组成部分，与身体健康同等重要。良好的心理健康有助于提高自己的心理调适能力、独立地解决自我问题和适应环境的变化等。要学会关注自己的心理健康，认识到在生活中可能出现的心理问题，这是主动寻求心理咨询的第一步。

2. 打破心理咨询的固有观念

美国心理学家阿尔伯特·埃利斯（Albert Ellis）于20世纪50年代创立了情绪ABC理论，该理论认为人的消极情绪和行为障碍结果C（consequence），不是由于某一激发事件A（activating event）直接引发的，而是由于经受这一事件的个体对它不正确的认知和评价所产生的错误信念B（belief）所直接引起的。错误信念也称非理性信念。埃利斯认为，正是由于人们常有的一些不合理的信念才使我们产生情绪困扰，如果这些不合理的信念长期存在，久而久之，还会引起情绪障碍。因此，由于对“寻求心理咨询”这个事件存在错误的认知，正如前文介绍的误区，导致当面对心理问题的时候，大部分人未能及时地寻求心理咨询。打破对心理咨询的固有观念是非常必要的。

3. 学会识别自己的心理问题

在生活中，我们可能会经历各种压力、焦虑、抑郁、恐惧等负面情绪，这可能是一种心理问题的表现。通过接受心理教育和自我探索，可以逐渐了解自己的心理状况，更容易识别自己的问题。

4. 寻找心理咨询的渠道

寻找心理咨询的渠道有很多，可以通过学校心理辅导中心、社区心理咨询机构、互联网上的在线心理咨询平台等途径进行咨询。利用多种渠道，找到一个可信赖的心理咨询机构或者心理咨询师，预约面谈或者在线咨询。

5. 找到适合自己的心理咨询师

首先，要寻找正规的具有专业资质的机构，心理咨询师应持有相关有效证件，这是基本的。来访者有权利了解咨询师的受训背景、所擅长的领域,来访者可根据自己的实际情况做出选择。其次,心理咨询实际上也讲究咨询师和来访者的匹配度,可匹配的内容非常多,我们可能无从判断,因此从另外一个角度来说,我们可以排除哪几种情况是不太匹配的,以此来判断这个咨询师是否适合自己。最后,咨询师也是人,来访者所遇到的一些问题,也可能是咨询师忌讳的,咨询师要保持价值中立,来访者可根据实际情况来选择咨询师。

6. 做好心理咨询前的准备

首先,为了节省咨询的时间,在开始之前可以提前想明白自己为什么来,想解决什么问题,需要说些什么问题等,这样可以开门见山。其次,要信任咨询师,将自己的情况尽量详细地说与心理咨询师听,以便心理咨询师制定准确可行的方案。心理咨询师有严格的原则,比如保密,所以不要担心自己的问题会被泄露,可以畅所欲言。最后,主动与心理咨询师沟通。心理咨询师会根据来访者的需要,通过针对性的技术和方法,帮助来访者解决心理问题。在接受心理咨询的过程中,要重视效果,积极主动地跟心理咨询师交流,积极配合咨询师的方案,当在咨询的过程中出现不适应、不理解或者无法接受的情况时,要主动地沟通,以便咨询师做适当的调整,从而达到更好的咨询效果。

附录:大学生心理健康与心理咨询典型案例及应对策略

❀心理咨询就是给人建议吗?

❀最近压力很大,要不要去做心理咨询呢?

❀好书推荐《蛤蟆先生去看心理医生》。

❀可以跟我的咨询师做朋友吗?

❀心理咨询与普通聊天一样吗?

第二章　学业问题与目标规划

故事引入：我想拥有分身术，一个准备考研，一个准备考公

小芯，你好！升入大四之后，我一边准备考研，一边准备考公，觉得做两手准备，“上岸”机会更大，不至于最后什么也没有。一开始还可以应付，但是越往后，越觉得时间紧张。明明规划好了上午和下午的复习内容，可总是完成不了。我现在每天都很焦虑，学习效果也不甚理想，觉得自己做不到兼顾两项考试，可又不想放弃，不知道怎么办才好。如果我有分身术就好了，这样就能完美解决问题。

谢谢北北的分享！你一边准备考研，一边准备考公，希望最后不管怎么样总有一个着落。看得出来，你对未来是有规划的，同时也愿意为之付出最大的努力。

是的，我特别希望毕业的时候自己可以有一个很理想的归宿——或者找到一个很好的工作，或者去自己期待的学校继续深造，但是现在感觉特别着急，好担心最后工作找不到，研究生也读不了。

AI 支招：

小芯理解你的担心，但是在解决你的困惑之前，想跟你讨论一下，为什么当时做了“两手都要抓”这样的一个决定呢？就像你说的，觉得这样“上岸”机会更大。由此看来，你希望给自己的未来更多的保证。不知道你有没有想过，通过更多的选择给还没有发生的未来做保证，这个选择会非常沉重。

进入大四，很多同学都开始担心毕业后的出路问题，打算考研，但是感觉没有信

心；打算考公又觉得没有希望；找工作的话也觉得本科生实在选择不多。这种情况下，产生恐惧和焦虑，最容易出现的心态就是选择困难，哪个都不想放下，在取舍之间患得患失。

带着这样的分析，不知道你是否更加明白了你的困惑？

现在的你愈发感觉到分身乏术，两边的任务都很重，你很清楚自己的能力根本无法支持你同时准备好考公和考研，也许需要舍弃一项。在“内卷”如此严重的当下，每个人都拼尽全力，几乎没有人能做到两手同时抓、两手都抓好。要想做好一件事，最好的方法就是一次只做一件事，否则只会顾此失彼。

但是能让你轻松放手的根本是慢慢消除对未来的那份恐惧和担心。未来是无法百分之百被保证的，哪怕有再多可选的路都是如此。仔细想一下，考研和考公一定会有一个成功吗？事实肯定不是的。面对未来，你需要做的是把握好当下，对未来可能出现的各种结果做好准备，比如万一考研失利，还可以努力的方向是什么。我们能控制的唯有自己的努力，而对于最终的结果则需要顺其自然。

所以，请你好好思考一下现状，考研和考公，到底哪一个是适合自己的？这个“适合”并不是指成功的可能性更高，而是更符合你的实际和兴趣。

第一节　大学学习的特点

一、学习的定义

广义的学习是指个体由于经验而引起的心理和行为的相对持久的变化。狭义的学习则是指人类的学习，是人在与他人交往的基础上，以语言为中介，能动地掌握社会和个体经验的过程。在狭义的学习之中，学生的学习作为人类学习的一种特殊形式而存在，是指在有指导的条件下，有组织、有计划地掌握前人积累的间接经验的一种活动，主要是为未来的社会实践做准备。学生的学习具有以掌握间接经验为主、有组织性和计划性、在有指导的条件下进行、具有明确的目的性等四个特点。

二、学习的作用

学习对于个人和社会都有很大的作用，其主要作用如下。

1. 学习是个体生存的必需品

学习的最基本的作用在于维持个体的生存。外界的环境是不断变化的,社会是不断在发展的,因此终身学习成为一件必需的事情。对于人和动物而言,学习的作用并不相同。相较于人类而言,动物行为中先天成分所占比重较大,成熟在动物行为的展现中更重要,而学习的作用相对较小;而人类行为中绝大部分是后天习得行为,学习的作用更大。

2. 学习提升个体能力

个体在不断学习的过程之中能够增加知识储备,了解更多的知识和信息,拓宽和增长自己的视野和见识;能够提高个体生存的技能,进而不断地追求更高的目标,达到理想目的。个体学习的过程其实可以简略地表达为一个“内化”的过程,是从“生理人”成为“社会人”的过程。学习不仅仅是知识的学习,还包括生活、社会、人际关系等方面的学习,可以培养个人的品德和价值观,增强个人的社会责任感和身份认同感。

3. 学习推动社会发展

对于知识的渴望是人类踏上漫漫探索道路的重要原因。正是因为全人类的不断学习、不断探索,社会才能不断地进步,国家才能不断地壮大,人类的文明才能不断地发展。因此,学习对于整个社会的意义也是十分重要的。

三、大学学习的特点

大学是学生学习的重要阶段,相比大学以前的学习,大学学习具有一些独特性。

1. 学科内容更为丰富

进入大学之后,学科设计囊括的方面变得更广,除了要学习所属专业的专业课外,还需要学习更多的与专业相近,以及与思想品质、与国家发展挂钩的科目。对于大学生群体来说,如何平衡好每一科目的学习时间、如何自主地选择想要去探索的领域,会成为大学生活中的重要内容。

2. 学习方式更为多元

在越来越强调教育改革、教学创新的大背景下,学生的学习方式发生了很大改变。特别是升入大学后，学生会发现大学学习方式和以往有很大的不同，主要表现为：要求学生有更多的自主学习，需要跟同学进行合作学习，实践学习成为一种重要的学习方式，强调研究性学习。这些新型的学习方式会让刚刚进入大学的学生在一段时间内茫然失措、无所适从。

3. 学习压力更大

大学教育强调素质教育，除了专业知识的学习之外，还需要更多技能知识、身心素质的发展。高中努力学习的目标或许是为了进入一所心仪的大学，又或许是为了不辜负青春韶华，但大学学习的目标很多时候会更多地偏向于应用和实践的方向。有调查发现，当前大学生中约有 41%的学生认为存在学习压力但小于高中时的压力，27%的学生认为和高中时差不多，27%的学生觉得现在的学习压力更大，只有 5%的学生认为没有学习压力。可见，在大学生中，学习压力是普遍存在的，是其主要压力源之一，它排在对大学生产生心理影响的所有压力源首位。

4. 学习的自主性更强

大学是人生的转折阶段。在中学时学生的依赖性较强，在家依赖父母安排饮食起居等，在学校依赖教师安排学习活动。而开始大学生活之后，这一切都要自己独立地去安排处理，其中最主要的是尽快做到自主学习。大学课堂教学，每节课的信息量很大，每周课时数少，课外留给学生自己支配的时间较多，各门课程留作业的量也相对较少。这样大学新生感到教师讲得多、讲得快，且常常等着教师安排作业和自习，完成作业就觉得无事可做，不知道怎样支配课外时间，以至于上大学之后就放松了对自己的要求。

5. 网络学习、线上学习等新型学习方式日益普遍

进入 21 世纪以来，互联网技术高速发展，现实空间与虚拟空间相互交织，形成了一个全新的网络社会环境，同时也塑造出一种新型的教育组织形式——网络学习。网络学习的出现，使学习空间从传统的教室空间转化为网络虚拟空间，使学习方式从传统的教师讲授方式转化为网络自主学习方式。这种新型的学习方式使得大学学习的内容更加丰富、途径更加便捷。但同时，网络学习让学习者更易感觉无聊、孤单，出现学习散漫，甚至沉迷于网络不良信息等情况。网络学习在学习方式、教学形式、现有支持服务和数字教材状况等方面还有待于进一步提升。学生因学习集体缺失，对网上协作学习以及网络教育的技术和理念也存在不适应现象。

第二节　如何适应大学的学习

大学生刚刚进入校园，会面临一系列内外环境的变化，常会出现各种问题。无法适应大学学习是大学新生进入校园后面临的主要困境之一。有学者认为，大学新生学习适应分为自我调整和学习环境适应两部分，具体体现在学习动机、学习能力、学习态度、教学模式、学习环境方面。大学新生学习适应问题在我国高校普遍存在，新生学习适应不良不但可能导致大学生的学业失败，还可能诱发一系列心理或行为问题。更好地适应大学学习，对大学生来说具有重要意义。

影响大学生学习适应的因素很多，从个体因素来看，大学生的学习目标、学习动机、专业认同感等都会影响大学生的学习适应水平。结合这些影响因素，从以下几个方面讨论提升大学生学习适应能力的方法。

一、设置合理的学习目标

目标是对活动预期结果的主观设想，是在头脑中形成的一种主观意识形态，也是活动的预期，为活动指明方向。大学生做好学习目标的规划非常重要，因为规划有助于他们更好地利用大学的时间和资源，创造更多的机会和成果，进而对个人的发展和职业生涯做好规划。

1. 目标应当清晰

关于目标的内容，一定要尽可能具体和明确。目标可以从多方面考虑，例如时间、内容、方法、成果等。如木木同学将学习舞蹈的时间限定为“一个月之内”，将要学习的内容限定为“一支简单的舞蹈”。另外，应当划分目标的优先级，这对于大学生来说是十分重要的，由于时间是有限的，因此在设定目标时需要明确优先级和次要级，确保目标与自身能力和个人意愿相符，并按照优先级设定目标，以确保有充足的注意力集中于具有高优先级的目标之上，制定目标不宜好高骛远。

2. 目标应当合理

好的目标要有一个期待标准，这份期待标准应该与自身的能力是匹配的。合理的目标最主要的是适合自己，而适合自己的标准就是目标对于自己来说是可以达到的。这里的“可以达到”有两层含义：一是目标应该在能力范围之内；二是目标应该有一定难度。目标经常达不到的确会让人沮丧，但同时要注意，目标如果太容易达到也会让人失去斗志。比如有些学生在确定考研的目标学校时，就特别容易出现目标过难或者过于容易的现象。有的同学在名校情结的影响下非清华、北大不考，并不考虑自身的学习能力和成绩水平，哪怕毫无希望也坚持报考。也有的同学害怕考研失败，非常保守地报考难度较低的院校。考研也好，找工作也罢，甚至是减肥健身这些健康目标，都要适合自己。

3. 制订具体计划

在设定好目标之后，应根据目标制订通向目标的具体计划，列出关键的阶段和时间表。明确通往目标的步骤，确保每个阶段都有可操作的路径存在。确定每个阶段需要完成的任务和完成任务的时间，并强调完成每个关键阶段的必要性。除此之外，在制订好具体的计划之后，还应该培养自律、坚强的品质，警惕“拖延症”现象，积极地通过实践达成自身的目标，通过具体的计划让目标从空想变为现实。实现目标可操作化的管理流程见表 2-1。

表 2-1　实现目标可操作化的管理流程

目标	是什么目标，要达成什么样的效果
行动	要做些什么
次序	哪些应该先做、哪些后做，定下完成日期及排列优先次序
时长估计	每项行动需要多长时间
灵活性	有没有给不可估计的突发事项预留时间
时间表	什么时候处理什么事项

4. 目标不能过多

目标要有主次、轻重之分，既要突出重点，明确主攻方向，又要注意目标的协调，严防脱节。目前，由于各种原因，很多大学生入学初始就信誓旦旦地为自己制定种种目标，但是没有考虑清楚自己的主要目标是什么，这种“全面抓”的想法造成对目标的执行紊乱，进而使实现目标的难度加大，产生很大的心理压力。因此，将目标分解、形成目标体系非常有必要，可以采用以下两种方法实现。

（1）剥洋葱法

剥洋葱法是一种倒推式的分解方法，最长远的目标是洋葱的最里层，最近期的目标是洋葱的最外层。制定目标的原则就是逐步接近终极目标。

（2）多叉树法

多叉树法是确定一个主要的目标，然后以此目标为核心，找到为实现这个目标自己应该在哪些方面努力，将这些努力的方向拟定为子目标，每个子目标还可以根据实际情况再细化，最后形成一个多层次的目标体系。

这两种方法可以帮助大学生对不同的目标进行梳理，找到重点目标，形成完整的目标系统。人生可以有很多追求，但最重要的目标应该是适合自己实际的、符合自己兴趣的，特别是自己真正喜欢的。大学生要在众多的目标中找到那个最适合自己的，不能什么都想抓、什么都想要。

二、提升对专业的认同感

专业认同感包含四个方面：认知、情感、行为和适切性。认知是专业认同感的基础，如果学生对专业的行业现状和前景一无所知，不愿意了解相关信息，显然是无法认同这个专业的；情感是对专业的评价；行为则表现为是否愿意去做与专业相关的事情，比如毕业几年后是否愿意从事本专业的工作；适切性是理性的情感，抛开主观评价，较为客观地判断自己的能力和性格是否与专业要求相匹配。

建立对于专业的认同感对于大学生个体的发展和专业的发展都有着重要的意义，建立对专业的认同感需要一定的努力和时间，以下是一些方法。

1. 了解自身专业

认同是从认知阶段开始的，产生认同感首先需要对事物有客观性的认识，进而形成明确的认知，这是一个循序渐进的过程。大学生对所学专业的课程内容、培养方案和就业前景等都需要进行全面的了解，了解程度由浅入深，对专业形成整体的认识。但现实是很多大学生对专业并不了解，尤其是大一学生，刚刚入学涉及的专业课程较少，对专业还无法了解，也就难以建立与专业的联系，甚至主观产生对专业的排斥感。因此，大学生要多方位、多阶段地了解自己所学专业，比如跟在该专业取得成绩的优秀学生进行交流，向专业老师请教专业情况等，明确专业的可发展性，形成对所学专业的肯定性认识。

2. 在实践中培养专业情感

积极的情绪连结是促进专业学习的内驱力，有助于对专业的进一步认可。注重学习实践，可以增强学生对专业的情感认同。当前高校各个学科都非常重视专业实践，完成一次田野调查、参与一个心理实验、剪辑一个视频短片等，都能帮助学生获得专业学习的积极情感，但如果仅仅是课堂学习，只是理论探讨，就会造成大学生对专业的情感认同缺失，在面对他人和社会的评判时，可能对所学专业产生怀疑和不自信，引发专业学习的消极情绪。这就需要学生对专业持有肯定态度，增强学习信心，在情感上主动“亲近”并坚持所学专业，面对学习的挫折与困难时，保持乐观情绪，加强对专业的情感认同。

3. 考虑客观实际的限制

如果不太喜欢目前所学的专业，转专业确实是一个很好的办法。但是受到各种客观条件的限制，并不是想转就可以转成功的，比如成绩绩点达不到、专业接收人数有限等因素。这个时候就要有意识地培养自己对专业价值的内在认可或共识。每个专业都具有自身的价值与意义，在专业学习中，大学生可以尝试塑造自身、寻求发展，每个人也都有很强的可塑性，所喜欢、所擅长的专业并不是一成不变的，一段时间之后，说不定又喜欢自己所学的专业了。要明白，喜欢学的专业不一定是自己能够学的专业，喜欢的专业也不一定真的就是适合自己的专业，专业认同感是可以在学习和实践的过程中慢慢培养的。

4. 看到更多的选择性

大学时所学的专业，在很大程度上会成为之后选择职业时的重要因素，但这并不是绝对的，现实中也有很多大学生毕业后从事了跟自己专业不太相关的工作。就整个求学及职业生涯来讲，人有很多次重新选择的机会，上了大学还可以考研，找了工作还可以跳槽，所以不要绝对化地认为大学学什么专业会百分之百决定未来的就业方向。不管是在国内还是国外，不管是什么专业背景，其实大学里最关键的是锻炼思维、培养习惯、总结方法，所以在大学应该广泛地去涉猎、去发现、去尝试，在大量的行动与反思中挖掘自己的兴趣与潜力，把自己的专业作为一种锻炼思维、习惯、方法的途径去学习。

总体来说，建立对专业的认同感是一个长期的过程，需要了解专业知识、参加相关活动、制定规划、深入学习。随着时间的推移，对该领域感兴趣、产生学习热情和肯定感，并意识到自己的潜能和价值，从而更加积极和自信地去发展和拥抱该专业。

每一个专业都有其存在的重要意义，但的确很多时候我们的专业与我们之间的相逢具有偶然性。在经历了理性的思考和漫长的实践之后，如果仍然决定去另一个领域发展、在另一个领域不断进行探索，也是人生道路上可选择的一环。

三、努力克服学习倦怠

学习倦怠是指由于长期的学习任务或压力过重所导致的个体精力减损或耗尽、疏远学习活动、成就感低落的状态。学习倦怠的生成一方面与学习上持续的高负荷有关；另一方面与缺乏应对压力的能力、对学习丧失兴趣，以及其他个体心理方面原因有关。大学生学习倦怠主要体现在情绪耗竭、意志削弱、价值否定、厌学行为、去个性化和低效能感等六个方面。有研究者对2005—2017年间120篇采用大学生学习倦怠量表（LBSCS）测查大学生学习倦怠的调查报告（共55510名被试）进行元分析，以考察我国大学生学习倦怠水平随年代的变化趋势，结果发现我国大学生的学习倦怠水平是逐年上升的，如图2-1所示。

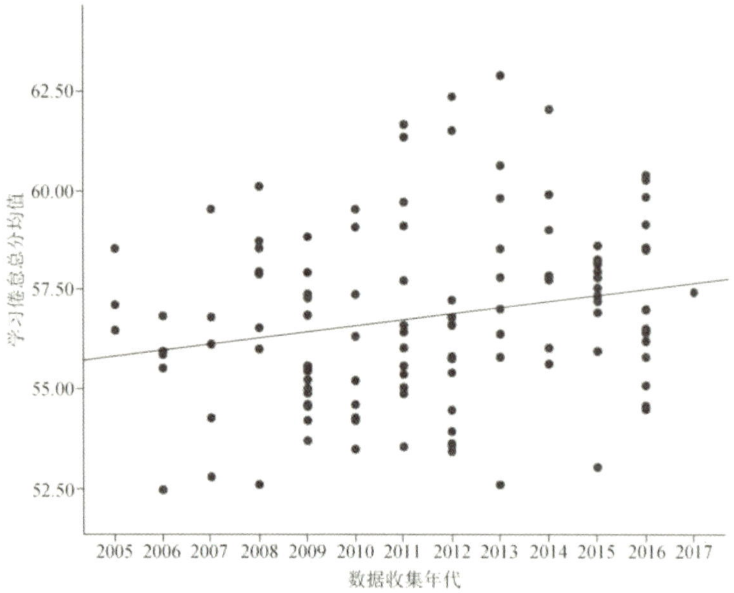

图2-1　2005至2017年大学生学习倦怠总分均值与年代的相关性分析

（摘自《中国大学生学习倦怠变迁的横断历史研究》）

以下是一些克服学业倦怠的方法。

1. 具备良好的心理资本

学生的心理资本是学生在人生发展的特殊阶段所具备积极能力的总和，包括自我效能、乐观、希望和韧性这些积极的心理品质。自我效能意味着大学生学习的过程中必须树立学习自信；乐观意味着要积极看待学习过程中遇到的各种挫折；希望意味着不管现在学的是什么、学得怎么样，都要对未来充满希望，相信未来会更好；韧性意味着遇到考试失利、课程太难、学业紧张等困难或者逆境时，能够有效地应对并尽快适应。这些积极的心理品质可以直接或者间接地预防、改善大学生学业倦怠的状况。

2. 创造适当的奖惩机制

学习是一个辛苦而漫长的过程，这一点是我们无法否认的。但在过程之中一定也有成就与美好在激励着我们。我们可以人为地创造出适合自己的奖惩机制。比如在学习时给自己创造一个舒适的环境，给自己更换一个柔软的背垫；放一盆小小的绿植在书桌上，眼睛劳累之后适当放松；用小贴纸、小挂饰装饰书桌，购买好看的电脑键盘和鼠标，通过视觉的愉快体验营造出轻松的氛围，让学习的过程变成充满色彩的过程；在完成一个小阶段的学习之后就奖励自己喝杯奶茶、打会儿篮球、看会儿电影，假使小阶段的学习任务未能得到满足，就牺牲掉周末出去玩的时间，体会不被“拖延症”所击倒的成就感。学习的确是一件辛苦的事情，但它不应该成为一件痛苦的事情，创造适当的奖惩机制对于学习兴趣的养成可以起到较为重要的作用。

3. 找到合适的学习方法

不同的人有不同的学习方法，寻找和采用适合自己的学习方法可以使学习更加简单、高效、有趣，从而建立起浓厚的学习兴趣。找到合适的学习方法或许并不是一个简单的过程，高中适用的学习方法到了大学之后自然而然地要随着环境而改变。同时，在找到合适的学习方法后，也要保持乐观积极的心态，做好不断尝试和受挫的准备。在找到了合适的学习方法之后，还应当学会制订学习计划。有一个完整、具体的学习计划可以有效地减少学习压力。规划每个学习阶段的时间表，确定需要达成的目标，会不至于被突然涌上来的学业压力搞得方寸大乱，当每一件事情都有条理、有计划地完成，当一个又一个学习的小目标得到实现，那份成就感和满足感将会成为孕育学习兴趣的最为丰沃的土壤。

4. 注意劳逸结合

大学生应以学业为主，但是也需要休息和放松，不能因为学业让自己过分劳累，甚至损害健康。为了有更高的学习效率，要有意识地多做一些让自己更快乐、更放松的活动，如探索一下自己的爱好，或花点儿时间与亲密的朋友在一起。针对大学生的生活实际，这里重点讲三个方面。首先，就是要定期锻炼。体育锻炼可以帮助减轻压力、改善情绪,并提高能量水平,应争取每天至少做30分钟的运动。其次,获得足够的睡眠。睡眠不足会导致身体疲惫,所以获得足够的休息很重要,应争取每晚有7—9小时的睡眠,并建立一个有规律的睡眠时间表。最后,饮食均衡。适当的营养可以对心理和身体健康产生积极影响,日常生活中要力求均衡的饮食,包括水果、蔬菜、肉类和全谷物,不要过多食用辛辣、油腻的食品。

5. 积极寻找支持资源

对于个人来讲,大学绝不是一个需要永远看着书本的地方,在大学我们有着见多识广的师长、有着丰富多样的社团、更有着许许多多的课程供我们选择。它们为我们发掘自身兴趣、尝试不同的主题和领域、了解自己所钟爱的话题创造了极为丰富的条件,这些都是克服学业倦怠的有效资源。

如果在学习过程中感到挣扎和无助,兴趣和热情逐渐随着困难、繁重的学习任务而被消磨,并且仅靠自己的调节很难改善,那就一定要主动寻求老师和同学的帮助,也可以借助网络平台找到适合自己的学习资源和学习方式。遇到挫折非常正常,不要用问题的视角看待自己,而是要将自身当作积极能动的主体,主动地去寻找资源解决问题,当问题被解决,将会缩短学习时间并提升成就感,产生更多的学习兴趣。

另外,前文“明确学业目标”“提升专业认同感”的很多方法,也适用于克服学业倦怠,比如目标不能过多、需要明确且具体的计划、注重实践等,而且明确学业目标和提升专业认同自身也是减少学业倦怠的重要基础。

四、正确应对考试焦虑

考试焦虑也叫作测试焦虑,是个体对考试情景的一种强烈的情绪反应。考试焦虑是在一定的情景中发生的、由考试情境引起的,往往伴随比较明显的情绪反应和唤醒,这种情绪会导致各种防御行为或逃避考试和学习的行为,并影响个体的认知、情绪及人格健康。考试焦虑的常见表现如下:

食欲不好,总是不想吃东西,觉得心里很烦;

晚上很难顺利入睡,凌晨或是早上很容易惊醒;

手脚冰凉,肌肉紧张;

无法专注地做一件事情,在看书的时候总是会想到其他的事情;

难以集中注意力解题,解题时大脑一片空白,无头绪;

比之前更加努力地学习,但还是觉得内心空落落的;

非常痛恨自己出现的这种焦虑的情绪。

考试焦虑其实是一件非常常见的事情。在漫长的人生路程之中，我们必然会遇到现实与期待不相符的状况。在考试前、考试中、考试后皆怀揣着紧张焦虑的情绪，此时从生理层面上，学生会出现食欲缺乏、睡眠不足的情况；从心理层面上，学生会认为自己无能，产生挫败感并进行自我否定。下面是克服考试焦虑的一些办法。

1. 正确认识考试及考试焦虑

互动小程序：测测你的考试焦虑水平

学习技能训练在总体上来说是用来教给学生如何学习特别是如何准备考试，而考试是为了帮助学生在有限的时间更好地完成规划，更富有成效地进行信息的编码、组织、储存、提取和清晰的交流。

要正确认识考试，合理看待成绩，且一定要充分了解考试焦虑的本质。对于学生来说，考试作为一种应激事件，学生面临考试而且伴随考试焦虑是不可避免的，但过分焦虑会使学生产生心理压力，影响学业水平的正常发挥。对于考试这件事情本身，学生应该抱有积极的态度，它并不是不可逾越、不可战胜的“怪兽”，考试焦虑也是一种较为常见的情绪，它并不为某人所独有，也并不是说拥有这种情绪的人就是不优秀的人。当我们面对考试焦虑时，应当拥有理性的认知和客观的描述，要避免内心出现绝对化和消极化的描述，以及过度表达考试焦虑的不合理性和严重性，如“这种情绪真是太糟糕了”“我如果无法克服它，就一定考不好”等描述。

2. 为考试做好充足准备及制订计划

学校并不是为了考试而考试，它的最终目的一定是为了考察一段时间内学生对于知识点的掌握情况。本章“故事引入”中北北同学的做法（即加强学习）其实是正确的，夯实学习基础是应对考试最有力的武器。因此，在日常的生活中就应当养成每日学习的习惯。但北北同学美中不足的地方在于他未能给自己制订相应的学习计划，他虽然每日都给自己规划了学习内容，但未能直观地看到“我学习了多少”“离我这一阶段的目标还差多少”“我每天如何分配时间效率最高”等信息。因此，在养成每日学习的习惯之后，还应当根据个人情况给自身配备相应的学习计划，提前计划学习过程和考试策略，分配好各个科目的复习时间，并根据自己的实际情况制订合理的考前计划。

3. 进行专业的放松训练

(1)渐进性肌肉放松训练法

渐进性肌肉放松训练法(PMR)最早由美国生理学家埃德蒙·雅各布森(Edmund Jacobson)于20世纪30年代创立,后来逐步完善,并广为应用,是目前一种良好的放松方法。

渐进性肌肉放松训练法基于一定理论基础,即个体的心情包含"情绪"和"躯体"两方面。如果能改变"躯体"的反应,"情绪"也会随之发生变化。内脏的躯体反应主要受皮层下中枢和自主神经系统影响,不易随意操纵和控制;而中枢和躯体神经系统则可控制"随意肌"的活动,通过有意识地控制"随意肌"的活动,间接地松弛情绪,建立和保持轻松愉快的情绪状态。

它的具体做法则是通过全身主要肌肉"收缩—放松"的反复交替切换,使人体验到紧张和放松的不同感觉,从而更好地认识紧张反应,并对此进行放松,最后达到身心放松的目的。在这种放松训练的每一个步骤中,最基本的动作包括:

使肌肉紧张,注意这种紧张的感觉;

保持这种紧张感3—5秒,然后放松10—15秒;

体验放松时肌肉的感觉。

一般放松的身体部位顺序为从手部开始,依次是上肢、肩部、头部、颈部、胸部、腹部、臀部、下肢,直至双脚,依次对各组肌群进行先紧张后放松的练习,最后达到全身放松的目的。

渐进性肌肉放松训练最好每天在固定时间、固定地点(安静、微暗、相对隔音的环境)进行,至少连续保持4周以上,更详细的操作方法可以查阅渐进性肌肉放松训练法的有关资料。

(2)系统脱敏法

系统脱敏法又称交互抑制法,是由美国学者沃尔帕创立和发展的。这种方法主要是诱导人们缓慢地暴露出导致神经症的焦虑、恐惧的情境,并通过心理的放松状态来对抗这种焦虑情绪,从而达到消除焦虑或恐惧的目的。如果一个刺激所引起的焦虑或恐惧状态在个体所能忍受的范围之内,经过多次反复呈现,他便不会再对该刺激感到焦虑和恐惧,治疗目的也就达到了。采用"系统脱敏疗法"进行治疗一般分三个步骤。

第一步,建立焦虑或恐惧的等级层次。这一步包含两项内容,即找出使你感到恐惧或焦虑的事件,以及将使你恐惧或焦虑的事件按等级程度由小到大的顺序排列。

第二步，放松训练。一般需要 6—10 次练习，每次用时半小时，每天 1—2 次，以达到全身肌肉能够迅速进入松弛状态为合格。

第三步，系统脱敏练习。这一步也包含两项内容，即放松和想象脱敏训练。

运用系统脱敏法改善考试焦虑

第一步，建立考试焦虑的等级层次。

请你仔细回忆每次考试前的真实感受，按时间顺序逐一记录下来，比如开始复习时、复习期间、考试前一天、临进考场时、进入考场时、未做试题前、开始做题时。然后请回想当时的周围环境和内心体验，按照紧张程度的不同，对刚才所列的事件进行分数评定，并按由低分到高分排序。

例如，有的同学这样排列自己的焦虑等级：

A. 考前一周	焦虑分数 20 分
B. 考前一天想到明天就要参加考试时	焦虑分数 30 分
C. 在去考场的路上	焦虑分数 40 分
D. 在考场外等候时	焦虑分数 60 分
E. 进入考场时	焦虑分数 80 分
F. 考卷发下来时	焦虑分数 100 分

第二步，放松训练。

放松训练是指使机体从紧张状态松弛下来的一种练习过程。放松有两层意思：一是肌肉松弛，二是消除紧张。放松训练的直接目的是使肌肉放松，最终目的是使整个机体活动水平降低，达到心理上的松弛，从而使机体保持内环境的平衡与稳定。放松训练的具体步骤可参考前面的渐进性肌肉放松训练法。

第三步，系统脱敏练习。

放松之后，轻松地坐在椅子上或者躺在床上。开始想象 A 级的场景，要尽量显得清晰、具体，想象自己就身处其间。比如想象考试前一周的情景。在教室里，同学们都在紧张地做题，下课后，大家都在复习，你也坐在课桌前，开始紧张地复习。课桌上摆满了课本和资料，各种笔、橡皮擦在桌面上散乱地放着。你的身边偶尔有几个同学经过，他们会停下来，好奇你在做什么。在课间的嘈杂环境中，你紧张地复习。

想象这个场景的时候，你如果感到焦虑、紧张，就请立即停止，然后进行放松训练。放松训练之后，重新想象考前一周的场景。如果还感到焦虑、紧张，请继续放松。按照“放松—想象—再放松—再想象”的程序反复练习，直到你确定自己不再为这个情境焦虑为止。接着用同样的程序想象B级的情境，直到不会感到焦虑为止。同样的方法可以持续使用到你整理出来的焦虑的最高等级。

这样的训练每天都可以进行，需要注意的是，每次系统脱敏前的放松训练一定要坚持做并且要做好，不然系统脱敏的想象工作就会给你带来伤害！

系统脱敏改善考试焦虑

第三节　掌握时间管理的技巧

一、如何高效利用时间

时间管理的能力对青少年的心理与社会适应有深刻影响，但当前大学生时间管理的现状却存在一些困境。由于正处于人生成长发展的心理延缓偿付期，加之自由支配时间增加、自主学习更多，他们常常觉得“每天都很忙，但不知道自己在忙些什么”，或者在各种拖延行为的感叹中感受焦虑和自责。

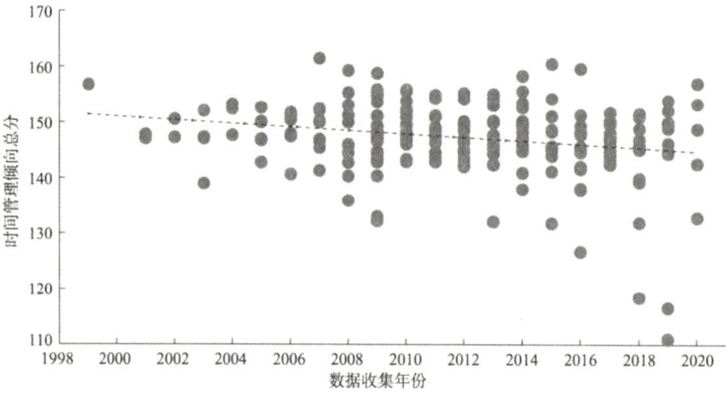

图 2-2　中国内地大学生时间管理倾向的变迁（1999—2020 年）

（摘自《中国内地大学生时间管理倾向的时代变迁：1999—2020》）

2022 年的一项调查发现我国内地大学生的时间管理倾向在 1999 至 2020 的 22 年间总体呈缓慢下降趋势（图 2-2），对时间功能和价值的判断较为稳定，但安排和规划时间的能力以及对自身管理时间的信心在下降，即当代大学生仍然肯定时间的价值，却无法有效利用时间，产生了一种态度和行为的偏离。

有效地利用时间可以帮助我们更快速、更优质地完成任务，减少压力和焦虑感，以下是一些高效利用时间的具体方法。

1. 制订合理的计划

制订好一个初始的学习计划可以帮助我们更好地管理时间，一个好的计划可以帮助我们将注意力集中在需要完成的事务之上，让我们明确任务的重要程度和主次关系，对于从哪里开始学习、要学习到什么程度等问题会有更清晰的认知。一个好的计划往往也会将很大、很漫长的学习任务划分出小块的内容和小块的时间，给予我们逐步完成的稳定心态和充足时间，使我们更有效率、更有条理地完成它。

部分学习法及案例分析

部分学习法（part learning method）也称“分段学习法”，是一种学习和记忆的方法。其与“整体学习法”相对，是将学习材料分成几个部分逐一学习直到全部掌握所学材料的学习方法。如学习一篇课文时，将文章分成几个段落进行学习，以有利于掌握。这种方法较适用于掌握数量较多的材料以及技能性学习。

将每天的时间分成几段，每一段规划好自己的学习内容，我们可以以赵星星同学的考研计划为例，结合这份“5 月考研复习计划表”（表 2-2），思考以下几个问题。

这份计划表的特点是什么？

这份计划表会给赵星星带来什么好处？

这份计划表是否存在一些不合理之处？

该如何完善这份计划表？

表 2-2　赵星星 5 月考研复习计划表

	周一	周二	周三	周四	周五	周六	周日
上午	英语学习 7:30—8:30 上课 8:30—12:10	英语学习 7:30—9:00 专业学习 9:30—12:00	英语学习 7:30—8:30 上课 8:30—12:10	上课 8:30—12:10	专业学习 8:30—12:00	英语学习 7:30—9:00 上课 9:20—12:20	专业学习 10:00—12:30
下午	午休 12:40—13:20 英语学习 13:20—13:50 上课 14:00—17:40	午休 12:40—13:20 复习单词 13:20—13:50 上课 14:00—17:40	午休 12:40—13:20 专业学习 13:20—16:50 英语学习 17:00—18:30	上课 14:00—17:40	英语学习 12:40—13:20 上课 14:00—17:40	课程作业 14:00—16:00 专业学习 16:00—17:40	英语学习 13:20—15:00 出去玩 15:20—19:20
晚上	专业学习 18:30—21:30 复盘 21:50—22:30	上课 18:30—21:10 复盘 21:10—22:00	社团会议 19:00—20:30 社团工作 20:40—10:20	专业学习 18:30—22:00	社团活动 18:00—20:00 复习专业课 20:00—22:30	打球 18:00—20:00 复习专业课 20:30—22:30	专业学习 19:40—21:40

2. 明确轻重缓急

为了充分地利用时间，大学生在日常生活中应该重视计划的拟订，以避免徒劳无功。计划拟订大致要指出“要往哪里去”“想实现什么目标”，以及“怎么走、怎么实现”。这是实际采取行动之前的一种思考模式。有一部分大学生就是因为很少提前做安排，每周除了上课是课表规定好的外，其他都是随机模式，没有想过先做什么、后做什么。其实，所有的事情根据重要性和紧迫性可以分为四类，可以以此建立一个二维四象限的指标体系，它们分别是：

第一类，重要且紧迫的事件，例如处理生活中的危机事件、完成有期限的作业等；

第二类，重要但不紧迫的事件，例如防患于未然的改善、和谐人际关系的建立、长期的工作和学习规划、有效的休闲；

第三类，不重要但紧迫的事件，例如不速之客、某些突发事件等；

第四类，不重要且不紧迫的事件，即消磨甚至浪费时间的事情，例如阅读令人上瘾的网络小说、收看综艺节目等。

针对这四种不同的事件类型，我们可以发现，科学而合理的时间管理方式是重点关注第二类事件、尽量收缩第三类事件、坚决舍弃第四类事件，但这只是一种理想的时间管理模式，人们很难做到事事理智。另外，很多人更倾向于关注第一类事情，这使其长期处于紧张状态，经常忙于收拾残局和处理危机，很容易使人筋疲力尽，也不利于学习和生活。

一周计划事件的安排

假设现在是星期日的晚上，你要计划未来一周的日程。

1. 仔细思考未来一周你需要完成的事情，列一个详细的清单。

2. 请将这份清单中的各种事情划分出不同的优先级，分别归到上文提到的四个类别里面，并按优先级把它们重新排序。

3. 根据这些事情的排序及所需时间，制订一个大致的时间计划表。制订计划的时候要考虑一下，在这些事情中，有没有互相冲突的、哪些是富有弹性的。

4. 思考：这些事情中哪些是可以直接放弃不做的？如果让你在其中选择三件事情放弃，你会选哪三件？为什么选这三件？放弃的过程感觉怎么样？

3. 充分利用碎片时间

吃早餐时、放学路上、睡前 20 分钟……这些时间听起来很少，似乎不能完成什么具有意义的计划，但若将这些碎片化的时间累积起来，总共的时长将会变得非常可观。“我可以在吃早餐时听 20 分钟的英语听力或是新闻广播”“下课后去吃饭的路上可以和同学交流课堂内容”“睡前我可以花费 20 分钟的时间对一整天的学习进行复盘”……大学生碎片化时间相比于其他人群要更充足，将这些碎片时间有效利用起来，收获还是相当可观的。

充分利用碎片时间，首先需要提前安排碎片时间需要做的事情，如在晚上睡觉之前可以对第二天的学习和生活有个大体的安排，预计一下哪些时间段会产生碎片时间，并且提前想好一旦出现碎片时间，自己可以做哪些小型事务。其次结合自己的实际确立碎片时间的分配标准，包括不同时段，如清晨的碎片时间、上午的碎片时间、中午的碎片时间等；还包括不同时长或类别，如开会间歇、等候时段等。不同时段和长短不一的碎片时间，适合的学习内容是不同的。

4. 养成高度自制力

高效利用时间对于个体的自制力有着较高的要求，首先应当认识到自律的重要性，它可以使得我们在完成任务、实现目标和发展个人能力方面更有成效。在此基础上，应当养成集中注意力的好习惯，在进行一件事情时，应当注意不被其他事情所打扰。我们日常生活中的社交媒体、电子游戏、电话等，或许都会让我们浪费大量时间，因此应当学会保持做一件事情的专注力，避免滥用社交媒体，减少玩电子游戏的时长，或者是将其余事情先记录下来，后续再进行处理，避免分散注意力产生的时间浪费。养成高度自制力同样需要我们时时对自身进行监督，这并不是一个给自己施加压力的过程，监督自身是否达到了某一期待或某一标准是为了适时调整自身目标和努力的方式，避免时间的过度浪费。

5. 尊重生活规律

遵守时间规律是保证生活、学习质量的重要基础，但是现在很多大学生都是“夜猫子”，临近中午才起床吃“早饭”，违背了人体的生理规律，这种晨昏颠倒的作息模式会造成健康欠佳，不良的身体状况也必然会带来时间浪费。比如大学生经常熬夜看剧或打游戏，结果第二天精神状态很差，身体也异常疲惫，这个时候完成一项任务所需要的时间可能比平时要多出好几倍。

尊重生活规律另一方面的要求是结合自己的生理规律，合理安排学习和休闲时间。由于个体差异性，每个人最佳的学习和工作时间段有所不同，不可能时时刻刻都保持较强的学习工作效率。因此，大学生要对自己的生活节律有准确的把握，如果上午是自己最兴奋的时段，那么就可以安排一些学习任务，下午最容易昏昏欲睡，则可以安排一些比较轻松的事情。

二、如何克服手机依赖

手机依赖也称“手机成瘾”“问题性使用手机”，指个体沉迷于以手机为媒介的各种活动，从而对手机产生强烈、持续的渴求与依赖，导致其社会与心理功能受损。手机依赖也是一种成瘾行为，具有一些和药物成瘾类似的症状。已有研究表明，长时间使用手机不仅会引起眼睛酸涩、肩颈疼痛、手脚发麻等躯体症状，还会对个体生活、学习和心理产生负面影响，如降低睡眠质量、影响学业表现、诱发抑郁等负性情绪、引发认知失败等。

你存在手机依赖的问题吗？

✧ 你曾因为玩手机而耽误作业的完成吗？

✧ 你曾因为长时间不打开手机而感到焦虑吗？

✧ 你曾因为玩手机而长时间熬夜吗？

✧ 你会因为过于依赖手机而失去自己的思考吗？

✧ 你会因为玩手机而忽视正常的社交吗？

如果以上的情况或多或少地出现在你的生活之中，或许就应当进行反思——我是否出现了手机依赖？我是否过度地使用了这本该对我产生帮助作用的工具？如果这份依赖真实存在，那么我们应当学会一些方式去缓解或是摆脱这份不适当的依赖。

对于克服手机依赖，有以下一些建议。

1. 了解使用手机的原因，寻找合理替代

了解自己为什么有使用手机的欲望。假如是因为你有强烈的欲望要参与社交，与他人联络，那就试着用其他方式满足这个需要，例如面对面地和别人交流。玩手机是因为无聊吗？要知道，无聊可能是人们产生成瘾行为的重大诱因，如果觉得自己的大学生活有些单调，就可以培养些兴趣爱好，也可以参加其他持续吸引你注意的活动。如果玩手机可以让心情变好，从而导致你对手机的依赖越来越强，那么与其通过玩手机找乐趣，不如参加别的活动，比如锻炼身体、实践活动、社交联络或参与一些创造性的活动。

2. 使用前就想好结束时间，做好限定

当你注意到你的生活已经被手机夺走了很多时间和注意力时，你需要做到的是努力改变这个依赖关系。根据自身的情况和想要达到的结果量身设定一个目标，特别是使用时长，要提前决定好。例如“现在距离吃晚饭还有半个小时，那我就看半个小时，但一开饭，我就要立刻停止使用手机”“我设定每天晚上八点到九点集中看微信或者是 QQ 的消息”“我计划每天刷视频的时间控制在一个小时之内”“我打算每

周将打游戏的时间控制在周六和周日两天的晚上”……控制手机的使用时间，学会通过目标的设立将手机的使用时间限制在合理的范围内，以达到减少干扰和集中注意力的目的。

3. 忙碌一点儿，让生活变得充实

大学之内，有志同道合的朋友、令人兴趣盎然的社团活动和各式各样的学科竞赛；大学之外，所在的城市和周边的城市都有着独特的美景和美食。世界多么辽阔，值得用双脚去丈量、用双眼去观赏、用双手去触摸，手机之内虽然有着各式各样具有吸引力的内容，但放下手机去享受真实世界的美好也是一个不错的选择。我们可以参加读书会、去听话剧、去操场上运动、去天南海北旅游，做到努力充实真实的生活，因为手机之外还有无数的宝藏等待我们去挖掘。如果你每天都有详细的计划并且专心完成各种任务，那么你花在手机上的时间就会减少。如此一来，你就能赢得更多时间专注于各种目标，高效做事。

4. 进行物理隔离

从外在的客观层面减少自己接触手机、使用手机、依赖手机的机会，为此可以尝试下面几个做法：

第一，卸载掉消磨时间的软件，如游戏软件、视频软件等，用更多的时间提升自我以及与朋友家人相处；

第二，学习期间屏蔽掉软件的消息通知，等完成学习任务后再统一处理；

第三，下载时间管理类的手机 App，借助工具来管理时间；

第四，尽量远离手机，学习期间可以把手机放在视线以外的地方或交由他人保管，能够有效减少转移注意力的可能。

总体来说，克服手机依赖需要意识到问题、设定目标、充实大学生活，这需要耐心和毅力，在目标实现的过程中或许会感受到焦虑和压力，但坚持下去，学会控制自己，学会做手机、电脑等工具的主人，而不是被工具所操纵，甚至影响正常的生活。

附录：大学生学业问题与目标规划典型案例及应对策略

❀大学的学习有什么不同？

❀不喜欢自己的专业怎么办？

❀有点厌学了，怎么办？

❀为什么总是很忙，却忙而无果？

❀戒不掉的游戏，我该拿你怎么办？

第三章　自我意识与自信培养

故事引入：哥哥太优秀，这让我很自卑

小芯，快放假了，但我不是很想回家，因为我期末考试成绩很一般。我家里还有一个哥哥，他很优秀，成绩非常好，是邻居口中“别人家的孩子”，爸妈也总是告诉我要向哥哥学习、向哥哥看齐。但是我总感觉自己比不上哥哥，加上这次考试成绩一般，更让我觉得自己一无是处。我真的这么差劲吗？

谢谢飞飞的分享，小芯能感受到你的自卑与失落，但是小芯很好奇，为什么哥哥的优秀让你很自卑呢？能具体说说吗？

哥哥很优秀，但是我的成绩一般，我感觉家人包括我自己经常会把我们兄弟俩做对比，在我的眼里哥哥仿佛日月之辉一般耀眼，而自己就像萤火之光一样暗淡。加之爸妈又经常告诉我要向哥哥学习，所以我不免会觉得爸妈是不是更爱优秀的哥哥，不爱普通平庸的我。

小芯明白了，那接下来我们就讨论一下该怎么解决这个问题吧。

AI 支招：

首先，是该如何正确看待哥哥成绩优异这件事情。哥哥优秀就代表你一定是落后的吗？很明显这样的思维过于绝对，也许你努努力，有一天也会跟哥哥一样成绩优异，甚至超过他。当然退一步讲，确实有另外一种可能，就是即使你很努力，也还是没有达到哥哥的水平，这说明你的成绩确实没有哥哥好。但请记住：你的成绩不能代表

全部的自己，成绩不好不等于你这个人不优秀。每个人都有自己擅长的领域和不足的地方，哥哥在学习方面很优秀，而你也可以在擅长的领域颇有建树。比如你打篮球很厉害，不妨在这方面下功夫，当你有一天获了奖带回家，说不定爸妈也会对哥哥说："你看弟弟打球那么厉害，你也要向弟弟学习，多去运动，别整天在家里坐着。"

其次，爸爸妈妈说你要向哥哥学习，你因此担心爸爸妈妈是否更偏爱哥哥。事实上，你觉得自己真的读懂父母内心的声音了吗？他们希望你向哥哥学习，是期待你变得更好，还是在指责你的不足？是在关爱你，还是在嫌弃你？好好地体会一下，我相信你一定能正确看待父母的这一做法。但这个做法确实也存在一点儿问题，就是有些忽略你的感受。对此小芯觉得，你可以找个合适的机会跟爸妈说："哥哥很优秀，我会向他学习，只是我可能在学习方面的确很难做到像哥哥那么好。你们一直要求我向哥哥学习，我难免会自卑，所以希望你们能看到我的努力和优点，也给予我一些肯定。"把你的内心感想和期待告诉爸妈，或许以后爸妈就会懂得照顾你的感受。

最后小芯想问你，这种自卑和失落的心情到底是怎么来的？真的是因为哥哥太优秀了吗？还是因为父母的做法欠妥？还是因为你自己内心深处的不自信？

想了一下，主要的原因还是在我自己身上，是我的内心存在很多对自己的怀疑和否定。现在我明白了，如果我可以接纳自己，即使成绩没有哥哥好，也依然会觉得自己是有价值的。谢谢你，小芯，我知道以后该怎么做了。

第一节　自我意识的定义及结构

一、自我意识的定义

自我意识从狭义的层面上可以理解为"对于自我的认识"，包括对于自身机体状态的认识、对于自身心理水平的感知。但之所以还存在着广义的层面，是因为自我意识的发展过程是个体不断社会化的过程。个体存在于社会之中，无时无刻不在与社会产生互动，因此自我意识必然包含着对于自身所建立的社会关系的认识和对于自身所处社会环境的理解。自我意识有以下四个特点。

1. 意识性

意识性是指个体能够对自己以及自己与周围世界的关系、自身所处环境状况有着清晰、明确的理解和自觉的态度，而不是无意识或潜意识的。我们了解自己，哪怕这份了解仅限于水面之上的冰山部分，也会给自己下某种定义。最为直观的一个例子就是，即使是声称对于自己毫不了解的人，也能够在一张有着几百人的照片里认出自己，或许是因为外貌，又或许是因为体形和常穿的衣物。

2. 社会性

正如前面所阐述的，自我意识的发展过程是个体不断社会化的过程。自我意识在个体与社会的互动中产生，又反过来形成某种个体特质影响未来将要产生的互动行为。虽然自我意识强调“自我”二字，强调这是一种主观的、对于外界和自身的感知过程，但尤为重要的是，我们不但要意识到个体的生理特性，还要意识到个体的社会特性，意识到我们处于一个什么样的环境之中，担任着怎样的社会角色，具有怎样的社会地位，意识到个体在一定的社会关系和人际关系中的地位和作用，这是自我意识发展到成熟的重要标志。

3. 能动性

自我意识的能动性体现在个体对于自身、外部关系和所处环境进行感知的这一过程并不是完整地、死板地接受所有信息的过程，相反，它具有对信息进行处理再加工的能力。因此我们粗糙地将自我意识的能动性总结成以下步骤：个体接受某种信息—对信息进行加工—初步具有自我意识—形成的自我意识能够成为导致个体调整之后的思维与行为的原因。

4. 同一性

自我意识的同一性是指自我意识是在长期的社会生活中形成的意识。心理学研究表明，自我意识一般需要经过 20 多年的发展，直到青年中、末期才发展成为比较稳定和成熟的自我意识。自我意识必然发生改变，但进入成熟期之后，这种改变不再如幼年或是青春期那样，是突然的、骤变的，甚至是激烈的。这是因为到青年期以后，个体的人格、性格、对自我的基本认识保持了一定的同一性。

自我意识是意识的一个重要方面，也是人的意识区别于动物心理的重要标志。青年大学生的自我意识作为人格结构中一个相当重要的方面，对自身的思维、情感和行为都有重要作用。因此，培养正确的自我意识，对塑造大学生健康人格具有重要意义。

二、自我意识的结构

1. 从形式划分

个体的自我意识具有重要的心理功能，在个体的心理活动和社会生活中发挥着积极的调节、监控作用。从形式上看，自我意识表现为认知的、情感的、意志的三种形式，分别称为自我认知、自我体验和自我调控。

自我认知、自我体验与自我调控聚焦的问题各有不同。我们可以简单地对这三者进行如下的理解。自我认知聚焦于“我是怎样的一个人”的主题，如“我的外形如何”“我的性格又是如何”。自我体验则聚焦于“我对自己是一个怎样的人是否感到满意”，涉及对于自身特征或是所处环境、社会关系的评价，比如对于相似的外貌，可能因为自我体验不同，对这份外貌拥有截然不同的态度——自恋、自卑或无感。自我调控则聚焦于“如何对于自身进行控制”的问题。三者作为结构构成了自我意识，对个体的认知、评价和改变发挥着重要的作用。下面将详细地展开阐述。

（1）自我认知

自我认知是个体对自身身心特征、社会关系和所处环境的认识，它包括自我感觉、自我观察、自我观念、自我分析和自我评价等层次。其中自我评价发挥着重要的作用，自我评价是在自我认知的基础上对自己做出的某种判断。在自我认知的基础上做出自我评价，哪怕这份认知及之后的评价其实并不一定是完全客观和正确的。因此进行客观的自我认知并在这一基础上对自己做出正确的自我评价是一个极为复杂的过程。再进一步说，个体生存在社会之中，个体在进行自我认知时，还同时要受到社会评价的影响，当个体发现自我评价与社会评价达成一致时，个体就会产生归属感与安全感，通过外部和内部的比较获取了积极的心态；但当个体发现自我评价与社会评价很难达成一致甚至是截然相反时，个体不可避免地会失去归属感和安全感，对于自己产生怀疑，自卑和焦虑感由此产生，这是不利于个体心理健康发展的。

（2）自我体验

自我体验是个体对自己怀有的一种情绪体验，即主观我对客观我所持有的一种态度。当客观我满足了主观我的要求，就会产生积极肯定的自我体验，即自我满足；反之，客观我没有满足主观我的要求，则会产生消极否定的自我体验，即自我责备。因此自我体验属于情绪、情感的范畴，主要包括自尊、自信、自卑、自负、自责、自豪感等方面内容。

(3)自我调控

自我调控指的是个体对于自身心理过程和行为的调节和控制。它包括自我理想、自我监督、自我塑造、自我克制、自我教育等层次。弗洛伊德的人格理论中将个体分为本我、自我和超我，他认为个体之所以产生焦虑和无助，是因为三者之间发生了冲突，或许是本我突破了自我，又或许是超我压过了自我。根据这个理论来看，个体之所以焦虑或是无助，是因为个体在进行了自我认识、自我评价、自我体验的步骤之后，难以完成下一步的自我控制，即难以根据外部条件、自身存在而对于自身的心理活动和实际行动进行适当的调整。

互动小程序：测测你的自尊水平

自我认知、自我体验与自我调控之间互相联系却又互不相同。自我认知是最基本的要求，个体本身就应当对自身有所感知，在此基础之上，自我体验又赋予了自我认知更多的社会性的内涵，最终，反映在实际行动之中的改变，则是通过自我调控这一途径来完成的。

2. 从内容划分

著名心理学家威廉·詹姆斯（William James）早在19世纪就对自我进行探讨，他从内容上把自我分为生理自我、心理自我和社会自我三类。

(1)生理自我

生理自我指的是个体对于自身生理状况的认识，即对于自身外貌、肤色、体形等能够触碰到的实体的认识。从最早产生“我”的概念，再到社会化的过程中逐渐产生“社会我”的概念，个体对于生理自我的认识逐渐得到丰富。

(2)心理自我

与生理自我相对应的是心理自我，心理自我指的是个体对于自身心理状况的认识，包括情绪、认知、思维方式、心理状态等方面。

(3)社会自我

社会自我指的是个体对于自身所处社会环境和社会关系的认识。正如前文所说，自我意识具有社会性。从宏观上说，我们可以将社会自我理解为个体能够意识到我们处于一个什么样的环境之中、担任着怎样的社会角色、具有怎样的权利和义务；从微观上说，我们可以将社会自我理解为个体能够认识到自己在社会的互动中会采取怎样的方式，拥有怎样的互动关系。

3. 从自我的含义划分

美国心理学家希金斯（Higgins）的自我差异理论（Self-discrepancy theory）认为，从自我的含义进行划分，自我意识能够被划分出三个结构：理想自我（ideal self）、应该自我（ought self）和现实自我（actual self）。

（1）理想自我

理想自我指的是个体心目中理想化的自我，带有个体所期待的某种目标或是倾向。

从自我意识的发展历程来看，最初的自我是统一的，"我就是我"。但是后来人发现"我又不是我"，自我出现了矛盾。大学生经常将自我与他人，特别是与比自己强的人比较，现实自我和理想自我的矛盾就凸显出来了，如果发现理想自我和现实自我的距离太大，就会感到痛苦和不安，处理不好，可能引发许多心理问题。实现现实自我和理想自我的统一，可能会出现两种不同的情况，即积极的统一和消极的统一。积极的统一是用正确的、符合社会发展要求的、有利于社会进步的理想自我去改正、完善现实自我，使个性得到升华。消极的自我意识统一，是降低或放弃正确的理想自我，以达到理想自我与现实自我的统一，其具体表现就是缺乏改变现实自我的勇气，为了解除自我意识的矛盾，强调客观原因，不做主观努力，比如有的人运用自我妨碍策略，降低自己的各种成绩，不追求自己能够达到的最高水平。

（2）应该自我

应该自我指的是个体自身或是他人认为个体应当具有的某些特质，比如个体或他人认为在社会的环境之中个体应当保持谦逊、应当拥有努力的特质。应该自我有两类，一类是以自己的角度表征的应该自我；一类是以他人的角度表征的应该自我。

（3）现实自我

现实自我指的是个体或是他人所认为的个体实际上拥有的特征。"他人"可以是重要的他人或是概念化的他人。因此现实自我可以由自身界定，也可以由他人界定。

三、大学生自我意识发展的独特性

作家毕淑敏曾说："生命之所以宝贵，不在于它只有一次，而在于每个人都有自己独特的轨迹。"身处日新月异的现代社会，大学生群体也自然会面临更多的挑战和机遇。很多时候我们会把目光放在其他人的身上，去不断地竞争、不断地比较，却忘记了如何去发现自己的独特，忘记了留出一些时间，对付出努力的自己做出肯定与欣赏。

1. 理想自我与现实自我的冲突

在进入大学之前，大学生或多或少都存在一些对于未来的期望——“我要拿奖学金”“我要拥有一段美好的爱情”“我要加入社团，认识更多志同道合的朋友”“我要参与更多的学科竞赛，去学习感兴趣的课外知识”。但当真正地进入大学之后，一个很明显的事实便是现实往往不会全然按照我们的喜好发展。学业上可能会很难适应新的学习方式；可能会开始一段轻率的感情然后无疾而终；社团中的人也不一定是志同道合的伙伴，还可能面临一些并不喜欢的工作；参与竞赛活动或是项目的过程也可能充满挫折……种种冲突就这样摆在大学生的眼前，理想自我与现实自我的冲突也就由此而产生了。

2. 独立与依附的冲突

一个新的阶段，往往会被赋予新的角色任务。新的角色任务不可避免地会与旧的能量产生冲突。进入新的阶段之后，大学生想要做的事情更多了，社会赋予他们的角色期待也更重了。他们渴望向自己的家庭证明自己的成长，急于摆脱家长为他们做决定或是提意见的家庭模式，想向身边的朋友证明自己的可靠，向社会证明自己的成熟。这些都是很正常的事情，但很显然这个阶段的大学生群体所拥有的能量又是不足的，他们难以使自己的需求得到满足。从另一个角度来看，这正是学生进入大学阶段不断学习新的知识、参与新的实践的驱动力之一。但认识到这一角度之前，他们首先需要认识到的是独立与依附之间的冲突。

3. 渴望交往与心灵闭锁的冲突

埃里克森在人格发展八阶段理论中提到，当进入成年早期之后，我们会面临亲密与孤独的冲突。他提到，只有具有牢固的自我同一性的青年人，才敢于冒与他人发生亲密关系的风险。因为与他人发生爱的关系，就是把自己的同一性与他人的同一性融合一体。这里有自我牺牲或损失，只有这样才能在恋爱中建立真正亲密无间的关系，从而获得亲密感，否则将产生孤独感。这句话其实也同样适用于友情、师生情。在进入大学之后，我们都会渴望与人建立一段稳固的关系，或许是与一个善解人意的恋人，或许是与一名志同道合的朋友，又或许是与一位知识渊博、乐于解惑的老师。亲密关系的建立可以让我们获取更多支持的力量，但要不要建立亲密关系、如何建立亲密关系、当亲密关系破碎时要如何调整，都会成为大学生在人生历程中面临的难题。

第二节　增强对自我的全面了解

古希腊神话中有一个怪兽，人面狮身，叫作斯芬克斯。它守在路旁，要求经过的人都要回答一个问题："什么动物早晨用四条腿走路，中午用两条腿走路，晚上用三条腿走路？"如果回答不上来，就会被它吃掉。许多人猜不出来，被它杀死了。最后，一个叫俄狄浦斯的人说出了答案，那就是：人。

这就是传说中的斯芬克斯之谜。

人是什么，这是一个永久的命题。"人啊，认识你自己！"古希腊德尔菲神庙石碑上的警示之声犹在，让人们陷入了一次次的思考——你，认识你自己吗？了解你自己吗？接纳你自己吗？

一、提升了解自我的积极主动性

对于自己的了解以及自我评价对自身的发展影响非常大。但是一些大学生由于人生背景还比较简单、人生阅历单纯、生活区域较窄，主要以学业为主，缺乏社会实践，导致了解自己的机会并不多，自我评价的积极性和主动性也不强。伯恩斯（R. Burns）在其《自我概念发展与教育》一书中系统论述了自我意识的三个作用。

首先，全面准确地了解自己有利于自我一致性的维持，即只有了解了自己，才能保持一个相对稳定的自我评价，不会人云亦云。如果你很清楚自己是一个责任感很强的人，那么即使周围有人说你自私，你也不会为此改变对自己的看法。

其次，会影响到一个人的经验解释，即我们对接触到的人和事，会产生什么样的看法，跟对自己的认识密切相关。如果你觉得自己很好，那么即使出现了不喜欢你的人，你也会认为这并不是自己的错。但如果你一直都有些怀疑自己，觉得自己不够好，那么对于有人不喜欢你的事情，就会觉得都怪自己。

最后，会影响到对自己、对他人的期望水平。比如如果你觉得自己很优秀，那就容易对自己产生更高的期待，对未来的恋人或伴侣也有会有更高的要求。

总之，我们对自己的认识，很大程度上影响我们和周围世界互动的模式。因此大学生要有自我了解的意识和愿望，大学阶段本身就是自我意识逐渐成熟的阶段，每个同学都需要在大学里找到自己是谁、了解自己是什么样子。

二、将自我了解的愿望付诸行动

1. 养成自我反思的习惯

大学生通过自我反思，可以找到自我发展水平的差距和不足。可以说，自我反思是找寻现实自我与理想自我之间的矛盾，或者说是找寻现实自我与理想自我之间差距的过程。实际上，有的大学生往往以自我为中心，一件事情失败了，却不善于在自己身上找原因，总是习惯于将问题或者错误归结到他人身上，这便是不善于自我反思，更缺乏自我反思的习惯。

反思曾经发生的那些“人生大事”

找出一两件对你的情感、性格、人际关系产生过较大影响的事件，因为这些事件的发生，你的生活轨迹产生了重大转折或遇到了重大的失败、意外等，在这些事件里你做了非常重要的决定，找到后思考以下几个问题。

这件事给你带来了哪些认知和想法上的变化？

这件事给你带来了哪些情感上的冲击或者影响？

这件事和现在的你有什么关系？换句话说，如何塑造了今天的你？

这件事让你对自己有没有一些新的了解和发现？

2. 明确自我发展的目标

目标具有激励作用，目标能把人的需要转化为动机，使人们的行为朝着一定的方向努力，并将自己的行为结果与既定的目标相对照，及时进行调整和修正，从而能实现目标。在自我发展方面同样也需要明确的目标，现实中很多大学生的努力目标是模糊的，他们觉得迷茫，即使生活很忙碌，内心也非常彷徨。所以大学生要给自己树立明确的发展目标，这个目标不要太宏大，不要太遥远，最好立足当下，以把握好现在为重心，比如这个学期争取把英语四级过了、大三要修够核心的专业课的学分等。在追逐这些目标的过程中，我们就会慢慢增加对自己的了解，甚至随着对自己了解的增多，不断调整自己的人生目标。

3. 提升自我控制能力

自我控制能力是指个体按照社会标准或者自己的意愿，对自己的认知活动、情绪和行为等进行约束和管理的能力。自我控制能力强的大学生即使是面临社会的种种外在诱惑或者自己的种种内心欲望，也能够根据社会情境和已有计划抑制冲动、抵制诱惑，坚持不懈地保证目标的实现。

4. 多参加各种实践活动

随着认知能力的发展，大学生往往是高水平的“思想家”，他们想得很多，拥有很多关于人生的理论，但往往做得很少。比如参加一个社团想锻炼自己，但发现社团的任务就是借教室、发宣传单，感觉没什么意义，慢慢的，除了上课学习，便什么活动都懒得参加了。其实任何活动都是了解自己的很好的机会，通过活动可以了解自己擅长什么、有哪些不足，甚至发现一些自己原来没意识到的能力和品质。

三、通过四个窗口了解自己

在 20 世纪 50 年代，美国心理学家乔瑟夫·勒夫特（Joseph Luft）和哈里·英格拉姆（Harry Ingram）根据“自己知道—自己不知”和“他人知道—他人不知”这两个维度，依据人际传播双方对传播内容的熟悉程度，将人际沟通信息划分为四个区：开放区、盲目区、隐秘区（也称隐藏区）和未知区（也称封闭区）（图 3-1）。这个理论被称为“乔哈里视窗”（Johari Window），它是一种有关人类自我认识的窗口理论，也被称为“自我意识的发现—反馈模型”。

	自身知道	自身不知
他人知道	开放区	盲目区
他人不知	隐秘区	未知区

图 3-1　乔哈里视窗

乔哈里视窗后来成为被广泛使用的管理模型,用来分析以及训练个人发展的自我意识,增强信息沟通、人际关系、团队发展、组织动力及组织间关系。下面我们将对这四个窗口做一个简单的介绍,希望能通过此种理论,让我们更加清晰地认知自己。

1. 开放区——学会正视自己

开放区指的是自己知道、别人也清楚的信息,例如个体的姓名、性别、长相、家庭成员、爱好、技能等信息。但开放区也具有相对性,某些信息可能对这一群体或这一个体呈现出开放的状态,是公开的信息。但受到社交距离、客观距离等的影响,同样的事情对于不同的群体或是个体或许会呈现出封闭的状态,是隐秘的信息。大学生群体正处于自我意识发展的重要阶段,对于开放区信息的掌握也代表了对于自己明显特征的掌握,因此大学生群体要学会正视自己,坦然地向外界展示自己的开放区,这些公开的、透明的信息能够成为在遭遇困境时最快找出优势、积极资源的渠道。

2. 盲目区——学会关注互动及其结果

盲目区指的是个体自身并不清楚、但他人却可能知道或是察觉到的信息,例如深层的性格、回应问题的方式、与朋友相处的习惯等。凭借个体很难发现盲目区中隐含着怎样的信息,盲目区的信息最容易在人与人之间的互动中得以觉察。对于大学生群体来说,进入大学之后需要适应更加多变的互动方式和模式,作为行为的实施一方, 报以真诚、包容的态度感知我们的行为会对他人造成怎样的影响是一件很重要的事情。自我意识的不断成熟要求大学生站在他人的角度思考问题,学会关注他人带给我们的互动反馈,但能否以包容谦逊的态度去面对这份“反馈”,即能否客观地接受他人指出的错误并进行改正,也是自我意识是否成熟的重要标志之一。

3. 隐秘区——勇于自我袒露

隐秘区是相对于他人而言的,是个体自身知道,但别人知晓甚少或是全然不知的信息,例如个体的某些经历、某些秘密或是某些故事。个体必然存在隐秘区,再真诚、再坦然的人也会拥有不想为他人所知的信息,个体因此独特而富有魅力。勇于自我袒露,这并不意味着要求大学生群体将隐秘区内的信息全然地展现出来,对于隐秘区信息的回应方式应该是勇敢的、客观的,能够坦然面对曾经的经历、坦然面对曾经的不完美,在这份不完美的基础上总结出应对它或是治愈自己的经验,从而进一步使自我意识得到发展。

4. 未知区——在不断的实践中发现未知的自己

未知区是自己和别人都不知道的信息。没有人可以完全地认清自己，在人生历程中不断挖掘更多的自己何尝不是生活的一种乐趣。未知区就像是尚未打开的“盲盒”。对于大学生群体来说，在进入大学之后有了更多的实践机会，有关于志愿的、有关于学业的，积极投身于实践是一个发现未知自我的极好方式。通过实践结果、实践互动发现之前从未发现过的自己，也就在一定程度上对于自己有了更多的了解。

开放区的信息大多公开而透明，这些信息成为我们认识自己的基础，在我们遭遇到困境或是陷入盲目情绪时，这些最为明显的信息最容易帮助我们对自己进行初步判断；盲目区的信息大多隐秘而不自知，需要我们在互动之中进行反思与收获，这一部分的信息也是致使个体对于自身产生误判的主要因素；隐秘区的信息大多不愿告知他人，但若能够学会坦然地面对隐秘区内的伤痛和秘密，也是自我意识成熟的重要一步；未知区则代表人生仍有着无穷的可能，哪怕现在正处于困境，但也会有守得云开见月明的一天，正是因为有着这些不确定的信息存在，人生的历程才会更加丰富多彩。

探索自我盲区，发现全新自我

请从下面列出的形容词中，挑选出最能描述你的特点的 6 个词：

能干 友善 勇敢 沉着 体贴 快乐 灵巧 令人费解 自信 可靠 外向 友好 内向 善良 喜欢空想 独立 成熟 谦虚 焦虑 安静 放松 虔诚 害羞 愚蠢 紧张 热情 风趣 有才智 有耐心 强有力 有主见 可信任 适应性强 自尊心强 精力充沛 慷慨大方 深思熟虑 反应敏捷 局促不安 切合实际 多愁善感 有同情心 乐于助人 知识渊博 逻辑性强 常心血来潮 观察力敏锐

然后试试看将这些形容词发给你的朋友、同学、家人，请他们也从中挑出最能描述他们眼中的你的 6 个词，看看你选的 6 个词与同学、朋友、家人给你的反馈有哪些相同、哪些不同。通过那些不同的词语，你能不能感受到自我认知中的形象和他人认知中你的形象有怎样的差别呢？

第三节　接纳不完美的自己

了解了自己之后，你喜欢自己吗？特别是在遭遇挫折和失败时，你会喜欢这个看起来“不怎么样”的自己吗？事实上，很多人往往会谴责和批判这个不怎么样的自己，觉得自己一无是处，好像所有的不幸都是自己一手造成的，并陷入不可自拔的自责和痛苦里。我们多希望自己可以更好、更优秀，觉得只有优秀的人才可以自信。但其实每个人都需要拥抱不完美的自己，这种接纳和安慰并不是在为自己开脱，不是逃避现实和不负责任。其实，秉持一种全然接纳和善待自己的态度，以温和的心态理解自己的失败，平静地接纳当下的痛苦，这不是对现实妥协，而是与自己和解，是继续努力和不断成长的力量源泉。只有做到接纳不完美的自己，才能拥有真正的自信。

一、学会自我同情

自我同情（self-compassion）表示个体对自己充满同情。自我同情意味着我们会庆贺和享受生活中的一帆风顺，也意味着当生活陷入困苦和挣扎时，会对自己仁慈和宽容一些。村上春树在《挪威的森林》中说：“永远不要同情自己，同情自己是卑劣懦夫干的勾当。”这一句话被很多人奉为经典，很多人会觉得面对苦难和挫折时，同情自己就意味着回避现实、逃避责任、降低标准和自我放纵，同情自己就会让自己搞砸一切。但同情自己真的就意味着在给自己开脱吗？真的永远都不要同情自己吗？也许恰恰相反，我们每个人都需要学会“自我同情”。

自我同情和自我批判

请阅读以下说明，注意哪些与你产生了共鸣，并将其圈出。

当你的生活一帆风顺时，你可能会产生的念头：

自我批判	自我同情
我不配得到这些	我值得拥有美好的事情，就像其他人一样
这说明接下来肯定有什么坏事要发生	我不知道未来将会如何，但我感激已经发生的一切
大家终将会发现我是个“冒牌货”	如果人们真的了解我，他们就会喜欢我
当看到我快乐时，大家会嫉恨我	如果人们嫉妒我，那是因为他们没有意识到自己生命中拥有的美好

当你的生活举步维艰时，你可能会产生的念头：

自我批判	自我同情
我活该倒霉	我明白每个人都可能会有低谷期，当经历痛苦时，我们需要爱和支持
这一切的发生都是因为我是个失败者（或坏人等）	当生活出现挑战时，我可以利用这次机会学习和成长
要不是因为我这么笨、这么没用，我根本不需要处理这些麻烦	每个人都会经历痛苦，无论他有多么幸运
我的余生将充满痛苦和失望	无论我做些什么，有些困难总是难以避免的，但是，生命中仍然有许多美好的事物是我们不忍错过的

通过上面的选择，你可以看看对待自己是同情居多，还是批判更多。如果你拥有更多的自我同情，就不会害怕偶尔的失败，反而将其看作有价值的学习机会，不会对自我价值产生威胁。事实上，自我同情能够增强个体的成功动机，提高个体的情绪调节能力和应变能力。自我同情不仅是一种信念，更是一种技术，可以参考下面的例子，按步骤回答各个问题。

步骤一：请回想一件让你非常困扰的事情。

最近长了一脸的青春痘，脸上看起来坑坑洼洼的，难看死了。因为满脸的痘痘，都不敢照镜子，觉得现在的自己好丑啊，谁都不想见。

步骤二：这件事情的困扰程度如何？ 用 1—10 分打分，你会打几分？

当我看见满脸的痘痘时，我的脑袋、心里就充满这个事情，难受程度可以打 8 分，真的感觉特别难受，让我感觉很痛苦。

步骤三：这件事情让你产生了什么想法和感受？

想法：这些痘痘什么时候才能消失？ 我觉得自己好丑啊，要是别人看见了也一定觉得我很丑，他们肯定会在心里偷偷笑话我。

感受：觉得自己特别丢人。

步骤四：现在，请你闭上眼睛，回想一个对你来说重要的人，这个重要的人，对你很温柔，会对你说温柔的话，做温柔的事情。

我想到了妈妈。

步骤五：请想象那个重要的人安慰你的样子。

“虽然你长了满脸的青春痘，但是在妈妈眼里你还是那个漂亮的女孩子。长痘痘是女孩子长大的表现，很多人都要经历，过了这个阶段就会好起来，而且身边的朋友和家人都不会因为这个嘲笑你的。”

步骤六：现在你的想法和感受是什么？

想法：听到妈妈这一番话，感觉是自己想多了，只是自己比较介意。仔细想想，虽然长了满脸的痘痘，但是周围的人对自己的态度并没有什么变化。

感受：内心没那么难受了，开始慢慢接受长痘痘这个事实。

二、运用正念练习提升自我接纳

正念是以一种特定的方式来觉察，即有意识地觉察（on purpose）、活在当下（in the present moment）及不做判断（nonjudgementally）。自我接纳的正念练习包括身体正念和思维正念。

1. 身体正念

悦纳自己身体的所有感觉，无论是愉悦的还是不适的，都允许一切感觉在特定的时间里出现或者消亡。但现实生活中，很大一部分人在用各种各样的方式试图避免身体的不适或与其斗争。身体正念的重点是减弱对抗和排斥，愿意对自己的身体付出更多耐心去了解，能够容忍身体的一些不良感觉。

身体正念从“容忍”自己的身体感觉开始，然后渐渐发展出“接纳”，心里想着“不需要试图消灭这种感受，即使它们存在，我的感觉也不会太差”，然后就可以往“欢迎自己的感受”发展，对其说：“你好啊，我的不足，我可以欢迎你的存在。”长此以往，我们就可以学会心怀爱意和温暖来拥抱自己，特别是拥抱自己的不足。身体正念随着时间演进的变化如图 3-2 所示。

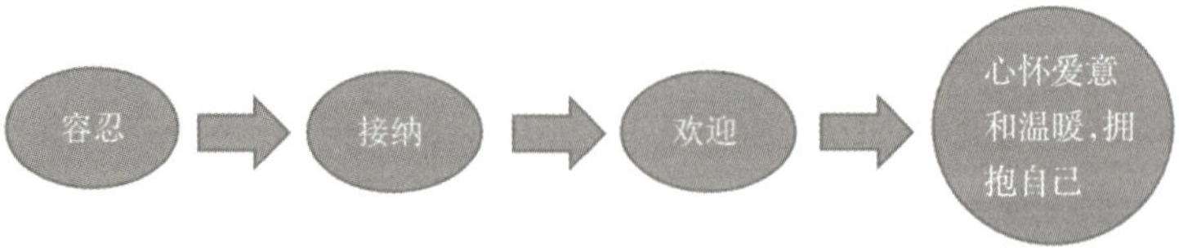

图 3-2　身体正念随着时间演进的变化

身体正念练习指南

将自己调整到很舒服的姿势，你可以微睁或者闭上眼睛，让自己感觉最为放松。然后将注意力集中在自己的身体感觉上，尤其是你的面部、头部、胸部和腹部。

你的身体是否感到紧张？　□是　□否

如果选“是”，请指出具体位置。

你的身体是否感到放松？　□是　□否

如果选“是”，请指出具体位置。

你的身体是否感到沉重？　□是　□否

如果选“是”，请指出具体位置。

你的身体是否感到轻盈？　□是　□否

如果选“是”，请指出具体位置。

你的身体是否感到灼热？　□是　□否

如果选“是”，请指出具体位置。

你的身体是否感到凉爽？　□是　□否

如果选“是”，请指出具体位置。

你的身体是否感到躁动不安？□是　□否

如果选“是”，请指出具体位置。

你的身体是否还有其他感觉？□是　□否

如果选“是”，请指出具体位置。

现在看看你是否能够接受这些感觉逐步增强，直到达到顶峰，允许你自己去完全充分地感受它们的全部，而不试图去做任何改变。这个练习的目的不是消除你身体的任何不适，相反，你是在允许自己用开放和接纳的心态，感受一切你体内产生的感觉。

思维正念的演示

2. 思维正念

我们大多数人都会认为自己的想法是正确的，当我们静心回想，就会发现，曾经的想法和认知其实都并不那么准确，然而，我们却依然相信自己脑海中蹦出的下一个想法一定是对的。思维正念有助于我们发展出更合理的思维模式，我们可以依赖这种思维模式，产生更多理性和脚踏实地的想法。大学生由于处于认知发展水平的最高阶段，每天产生的想法不计其数，分析每天发生在自己身上的事件，并对其进行标注评论。但很多时候一些“念头”并不是真正的“事实”，比如“这个学期好像什么也没学到”，这个想法很可能并不来源于对自己生活的足够了解，只是一个不公平的判断，但这个判断却导致了我们对自身及大学生活的怀疑。

运用思维正念技术，我们就可以做到“想法”仅仅是“想法”，不增不减、更不会变成事实。比如一个曾经很折磨你的想法出现了——“我怎么这么没用，这点儿小事情都做不好”，这个时候你首要的任务是觉察到自己产生了一个念头，然后告诉自己这只是一个念头，不要试图与它抗争或者是赶跑它，而是允许它停留在脑海里，直到念头自己消散，然后将注意力拉回到身体正念的练习中。当一个念头出现时，两种不同的处理方法及结果如图 3-3 所示。

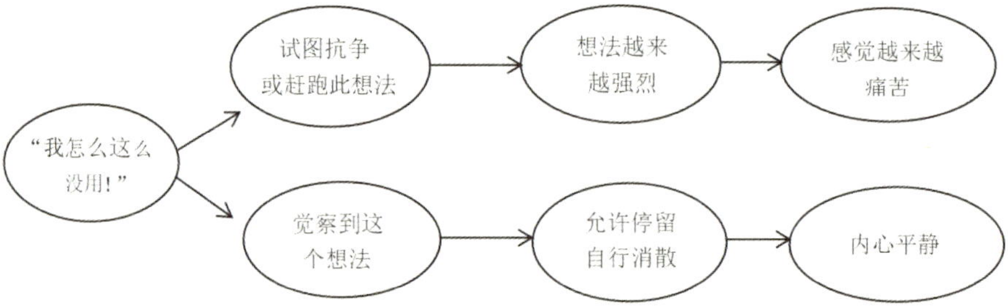

图 3-3　当一个念头出现时，两种不同的处理方法及结果

三、生理上进行自我关怀

心理健康和生理健康具有很强的内在联系。如果我们承担着过度的心理压力，那么有可能我们的血压会上升、免疫力会下降、消化系统会出现问题，同时会增加我们罹患恶疾的风险。这个道理反之亦然，如果我们的身体长期处于失衡状态（比如饮食和睡眠方面），同样会对我们的情绪产生很大影响。所以自我关爱并不仅仅是关爱我们的思维和情绪，还包括善待我们自己的身体。生理上进行自我关怀，可以从

以下几个方面入手。

1. 多吃健康食物,避免不良饮食习惯

个体负面情绪和饮食行为之间具有较大的相关性,均衡的饮食对大学生的身心健康是有利的。有调查发现,情绪性饮食行为、外部性饮食行为和限制性饮食行为已成为大学生饮食的显著趋势,即大学生的饮食行为的选择受负面情绪的影响较大,饮食的随意性较强,比如心情不好了就吃大量的甜食,或者是想吃什么就吃什么,完全不考虑健康和营养的因素。与此同时,大学生饮食行为受外部因素影响的程度很深,特别是群体性饮食的趋势明显,即大家都在吃夜宵、都在喝啤酒吃烧烤,自己也会如此。此外,健美等限制性因素影响的节食取向愈发强烈,比如为了减肥瘦身,每天依靠吃黄瓜西红柿度日,饮食的均衡性稍显不足。

大学生应当对自身饮食行为有清晰的认知,了解自身情绪性饮食行为、外部性饮食行为和限制性饮食行为的程度,清楚自身当前饮食行为的不足之处,制定自身饮食行为优化清单和操作手册,提升对不健康饮食行为的辨识力和抵抗力,明确并遵守科学合理饮食行为所推崇的饮食均衡性、饮食规律性等要求,逐渐在日常生活中主动选择更加健康和规范的饮食行为,形成持久性的习惯,进而实现自身饮食行为的优化。

2. 坚持体育锻炼

体育锻炼多数带有一定的挑战性和刺激性,体育锻炼要求参与者具有较好的自我控制能力和比较坚强的意志力,需要具备拼搏、进取、顽强等积极的个性品质。通过坚持体育锻炼,人们就更有机会找到个性中的优点,形成更加积极的自我认识和个性,最终提升人的自信心和自控力。

最理想的运动方案是:每星期至少运动 5 次,总时长不少于 3 小时;每次运动之前必须热身,让主要肌肉群伸展开来;每次运动中途必须包括有氧运动,即需要大量氧气提供能量的身体活动;每次运动最后做些不太激烈的动作,比如拉伸。为了让运动更好地坚持下去,可以设置清晰的运动目标,安排合适的运动时间和地点并记录进展情况,跟家人同学一起运动,并给予自己监督和奖励。

3. 保证充足的睡眠

睡眠不仅会影响人的情绪和身体健康,睡眠质量的好坏还会影响人的自我价值感。以学业自我效能感为例,有调查发现,大学生睡眠质量越差其学业自我效能感越低。疲劳和心流两个因素在睡眠质量与学业自我效能感之间起中介作用。心流指的

是一种人们在专注进行某行为时所表现的心理状态，通常在此状态时，不愿被打扰，也称抗拒中断，是一种将个人精神力完全投注在某种活动上的感觉。两个因素的中介作用具体表现在：睡眠质量差通过增加疲劳，进而降低学业自我效能感；通过降低心流水平，进而导致学业自我效能感降低（图 3-4）。

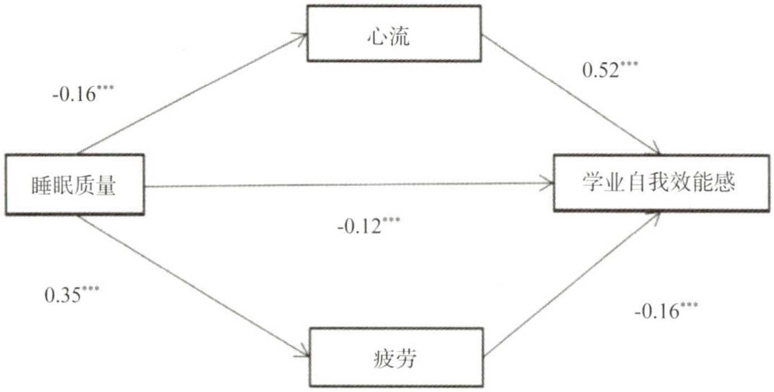

图 3-4　睡眠质量与学生自我效能感的关系及因素

（摘自《大学生睡眠质量对学业自我效能感的影响及数字认知行为疗法的作用》）

所以大学生要保证充足的睡眠，按时入睡，形成合理的作息规律，避免入睡太晚，避免昼夜颠倒；早晨按时起床，避免赖床不起；睡前不要喝有兴奋作用的饮料，如咖啡、茶、酒等；如有失眠、早醒、嗜睡等睡眠障碍，要积极干预，尽早治疗。

4. 建立连接感

这里的连接感指的是尝试与他人或是与更宏大的事物建立连接，比如每天花点儿时间与大自然相处，新鲜的空气、茂密的植被以及安静的环境可以使大脑获得更多的氧气和养分，能改善大脑神经细胞功能。给神经系统和大脑提供各种刺激信息，有利于提升身体的协调性、灵活性，培养个体敏锐的感知能力、良好的注意力和记忆力。

另外，尝试一些助人活动，如做志愿者，也是建立连接的重要方式。提供帮助或服务不仅给他人带来支持，也会提升自身的自我价值感。助人过程中所得到的他人真诚的感激，以及那种用自己的力量对他人的生活产生积极影响的感觉正是快乐和自信的源泉。

四、遇到挫折时，少问为什么

很多人遇到困难、挫折或者觉得自己很倒霉的时候，经常会问自己这是“为什么”？如一个患了抑郁症的女孩，她跟这个疾病斗争了一年多，饱受折磨，她有时候会想：“为什么偏偏是我患了抑郁症，我做错了什么？”生活中我们经常会遇到一些困难和挫折，这时会不会也像这个抑郁症女孩一样，开始问自己“为什么”？事情发生后，问“为什么”看似非常合理，因为我们想给自己的不幸找一个原因，但有时候你会发现，问了“为什么”之后不仅得不到你想要的答案，还会产生对自己的责怪、对他人的抱怨，以及无助、内疚等负面情绪。造成这种结果的原因是问“为什么”有指责的含义，而且我们的意识隐藏了很多东西，特别是潜意识里的动机和情感很难被发现，也就是说，有些事情，我们很难找到真正的原因，这个时候就会用一些另类事实进行有偏差的解释。比如有的学生问自己为什么这学期的成绩考得这么差，实际上可能是题目难了，可能是之前的学习方式不适合现在了，但这个学生可能错误地把原因归结为自己太笨了。

相反，如果多思考“可以做点儿什么来解决这个问题”，就会避免把思维引到“自我威胁”的模式里，而是聚焦解决问题的办法，指导具体行动的开展，让人看到问题解决的可能性，进而调动个体形成积极面对问题的状态。同样是考试没考好，如果不再追问“为什么自己总考不好”，而是思索下次考试怎么做成绩才会好一些，个体的自我价值就不容易被质疑，不但不会引发自我怀疑，还能够促使个体积极思考解决问题的办法。

为什么很多事情没有“为什么”

弗吉尼亚大学的心理学教授蒂莫西·威尔逊（Timothy D. Wilson）在《弗洛伊德的近视眼：适应性潜意识如何影响我们的生活》这本书中提到了一个实验，研究者在一个大型超市的门口售卖丝袜，所售卖的 4 双丝袜从颜色到款式都是完全一样的，只是摆放的位置不同，然后问购买者为什么选择这双，而没有选择另外的 3 双，购买者会给出很多理由，比如这双质感好、摸起来舒服、看起来更瘦一些等，但实际上这些理由都是购买者主观创造出来的，真正让他们购买的原因绝不是这些。

这个实验说明我们的思维、意识，特别是潜意识太过复杂，使得我们无法像读懂一本书那样读懂自己。我们每个人都是从无到有、一点一滴地在大脑和身体里创造出知识、技能，以及创造出种种行为，从而创造了自己的一生。在这个意义上，我们永远都认不清自己，因为我们在任何时刻都可以启动自我创造的进程。

附录：大学生自我意识与自信培养典型案例及应对策略

❀总觉得自己一无是处，怎么办？

❀进入大学后，为什么觉得自己不如以前优秀了？

❀“与自我和解”就等于放纵自我吗？

❀如何自省，才能让自己更强大？

❀做大家喜欢的我还是真实的我？

第四章　负性情绪与调节策略

故事引入：怀疑自己得了抑郁症，想去医院看看又不敢

我觉得我最近的状态特别不好，怀疑自己是不是得了抑郁症，但是当我告诉父母的时候，他们反而觉得我想得太多了，觉得有什么不开心的事情找人聊聊天或者出去玩玩放松一下就好了。其实我自己也在犹豫要不要去医院，因为我很担心同学们知道了会嘲笑我。但是我真的很痛苦，觉得自己有必要去医院看看。我到底该怎么办才好？

木木同学，你好！特别感谢你的信任，也非常理解你那种状态不好特别痛苦的感受。虽然你担心同学们的嘲笑，不敢去就医，但能把自己的担心讲出来，这本身是很勇敢的，小芯希望你可以看到自己的这份勇敢！

谢谢小芯！最近我什么都不想做，感觉每天就想躺在床上，这种状态很糟糕。我知道自己不能一直这样下去。我很想改变这种状态，想去找心理医生看看，可是我周围的人都觉得我想多了，我该怎么办啊？

木木，不要着急，我觉得你虽然很纠结、很难受，但是你一直在积极地寻找解决问题的办法，有这样的动力我觉得就已经是在解决问题的路上了。下面小芯就和你一起分析一下你的担心，好吗？

AI支招：

可以看到你的第一个担心就是自己是不是得了抑郁症，但这个问题不是你自己能解答的，也不是网上查些资料或者咨询下父母、朋友就能确定的，包括小芯也不能准确判断，这只有专业的精神科医生才可以，所以要回答这个问题，唯一的选择就是到医院做一个全面的评估，医生会综合各种情况进行科学诊断的。你也一定感受到了，如果不去医院，这个疑问就会一直萦绕于心，那样是很痛苦的。

第二个担心，就是同学们知道了会不会嘲笑自己，这个困惑的背后体现了人们对抑郁症的一些偏见和误区，比如“得了抑郁症很丢人”“得了抑郁症就成了精神有问题的人”“得了抑郁症就是自己不够坚强”。因此建议你去搜集一些有关抑郁症的资料，多了解一些相关知识，有了足够多的了解，你就不会这么认为了。另外，小芯想问你，倘若你身边有同学患了抑郁症，你是关心同情他，还是嘲笑看不起他？我想嘲笑的人只是少数。

第三个担心，就是父母对此事的看法。父母觉得是你想太多了，不开心的话就去找朋友聊天，或者去玩玩放松一下，没有必要去医院。对于这种情况，不妨向父母也科普一些必要的抑郁症知识，或者在父母的陪同下一起就医，听听医生的讲解和建议。

最后，小芯想说，就算真的得了抑郁症也没什么，很多人都会在一生的某个时刻陷入抑郁情绪里面，但只要我们勇敢面对、积极治疗，抑郁症完全是可以治愈的。

谢谢小芯，我的心情好多了，我也知道接下来该怎么办了。

第一节　负性情绪的定义及功能

一、负性情绪的定义

根据情绪在作用上的两极性，我们将情绪分为两种：积极情绪和负性情绪。消极的情绪如抑郁，消沉等，会降低人们相应的各种活动能力，因而又称为负性情绪（negative emotion）。具体来说，负性情绪包含了厌恶、内疚、愤怒和羞耻等，反映了个体主观紧张体验。负性情绪被认为是一种不愉快的情绪体验，与人类的需求得不到满足相联系。抑郁和焦虑是两种典型的负性情绪，会阻碍身体疾病的康复，负性情绪如果被忽视往往会带来很多的心理问题。

负性情绪不等同于情绪障碍，比如焦虑和焦虑症就是两个不同的概念。焦虑是一种非常典型的情绪，往往使人思维变得混乱，出现烦躁、恐惧和不安的心理感受，一般会随着引起焦虑刺激因素的消失或者个体的心理调节而慢慢减弱消失。但焦虑症一般指无明确客观对象的紧张担心、坐立不安，往往焦虑严重程度与客观事实或处境明显不符，或持续时间过长，焦虑程度明显超出一般人的表现，而且即使引发焦虑的刺激因素消失，个体的焦虑体验仍会一直持续，严重影响到人的各种社会功能的正常运行。

二、负性情绪的功能

负性情绪和积极情绪一样，对人来说具有非常重要的适应性价值，有如下几个方面的功能。

1. 适应性功能

情绪和情感是个体适应环境、求得生存发展的重要方式。达尔文曾指出，情绪最初只有生存适应的功能，情绪的社会性含义是后天派生出来的。情绪是人类早期赖以生存的手段。如婴儿出生时不具备独立的维持生存的能力，这时主要依赖情绪来传递信息、与成人交流，进而得到成人的抚养。从成人角度而言，个体可借助各种情绪和情感来了解其自身和他人的处境或状态，以求得良好的适应。

2. 动机功能

情绪和情感是动机的源泉之一，是动机系统的一个基本成分。它能够激励人的活动，提高人的活动效率。适度的情绪兴奋，可以使身心处于活动的最佳状态，进而推动人们有效地完成工作、学习任务。研究表明，适度的紧张和焦虑能够促使人积极地思考和解决问题。同时，对于生理内驱力也具有放大信号的作用，成为驱使人们行为的巨大动力。如在危险的情况下，人们产生的恐慌感和急迫感会放大和增强内驱力，使之成为后续行为的强大动力。

3. 组织功能

情绪和情感是心理活动的组织者。它不仅对其他心理活动诸如知觉、记忆、思维等具有组织作用，还会影响个体行为。情绪对其他心理活动的影响表现在两方面。一方面表现为积极情绪的协调作用和消极情绪的破坏、瓦解作用。研究表明，中等强度的愉快情绪，有利于提高认知活动的效果。另一方面，情绪还常常支配个体的行为，处于积极乐观的情绪状态之下，人容易注意到事物好的一面，其行为比较开放，愿意接纳外界事物，倾向于和善、慷慨和乐于助人；而处于消极悲观的情绪状态时，则会万念俱灰，容易放弃自己的愿望，对他人也会变得冷漠、不关心，甚至产生攻击性行为。

4. 信号功能

情绪和情感在人际间具有传递信息、沟通思想的功能。这种功能是通过情绪的外部表现，即表情来实现的。表情是思想的信号，是言语交流的重要补充。在许多场合，只能通过表情来传递信息，如用微笑表示赞赏、用点头表示默认等。从信息交流的发生上看，情绪的交流比言语的交流要早得多。在前语言阶段，婴儿与成人相互交流的唯一手段就是情绪。情绪的适应功能也是通过信号交流来实现的。

可以看出，每一种情绪背后都有它的意义功能，每个人都要学会接纳自己的情绪，包括每一种负性情绪。

根据负性情绪的价值，你能理解下面这些话的含义吗？

嫉妒是好的——可以帮你找到内心的饥饿
恐惧是好的——提示自我保护，让你避免伤害
愤怒是好的——愤怒里有你的力量和自尊
焦虑是好的——帮你调整认知的偏差
悲伤是好的——帮你接纳与疗愈
无聊是好的——帮你寻找生活的意义
（可扫码查看关于这几句话的详细解读。）

负性情绪的价值

第二节　负性情绪的认知调节

应对负性情绪的策略有很多，但把这些策略归纳一下的话，可以分为两类：认知

调节策略和行为调节策略，即个体内在和外在两个方面的调节策略。认知调节策略指的是个人为了应对诱发事件而思考出的用来处理自己情绪的想法。换句话说，术语“认知调节”表示有意识的思想，通过这种思想，个体可以调节自己的情绪以应对不良事件。例如，一个人可以从个人成长的角度重新构造有害事件的含义，或者更强调其负面影响。

一、养成乐观的心态

互动小程序：你的负面想法多吗？

心理学家泰格（Tiger）在其著作《乐观：希望的生物学》中将乐观定义为：评价者认为某种物质性或社会性的未来期望能够满足社会和自身发展需求时所表现出来的态度或心境。它包含三个内容维度：个人乐观、效能乐观和希望乐观。个人乐观就是即使出现了一些负性事件，但是个体依然能看到负性事件里所包含的正性价值。效能乐观指的是出现负性事件的时候，个体对自己的个人价值仍然是认可的。而希望乐观就是无论当前有怎样的压力，对未来都抱有美好的希望。如一个人考研失败了，这个时候他觉得虽然没考上研究生，但是自己已经顺利毕业，还可以找工作（个人乐观），而且没考上研究生不代表自己就一无是处，依然相信自己的能力和价值（效能乐观），并且对未来充满希望，觉得自己明年再考还是很有希望的，就算明年不考研了，那未来也一定有属于自己的美好生活（希望乐观）。

乐观对个体人类的心理健康有着影响作用，乐观的情绪对焦虑有冲淡排解的作用，个体如果乐观程度较高，一般在应对突发事件或生活压力时，焦虑产生的概率较小或者程度较轻。也有研究结果表明，不同乐观特质水平的个体，其焦虑水平是不同的，乐观特质水平高的个体比起乐观特质水平低的个体，他们的焦虑、抑郁等负性情绪也相对较低，并且患焦虑症和抑郁症的风险也更低。

你能从图 4-1 中三个女孩的笑容里判断出哪个人在 40 年之后过得更幸福吗？

图 4-1

其实这是心理学一个很有意思的研究。加利福尼亚大学伯克利分校的达契尔·克特纳(Dacher Keltner)和莉安·哈克(Lee Anne Harker)研究了 1960 年毕业纪念册中三位女孩的笑容,并追踪她们的婚姻状况和对生命的满意度。这个实验时间跨度长达四十年,心理学家追踪四十年后这三位女子的现状,结果显示,左一的女子诸事顺遂,对生活的满意度最高,而右一的女子一生坎坷,对生活的满意度最低。

那么该如何培养自己的乐观心态呢？可以尝试以下几个小技巧。

1. 形成辩证的思维习惯

如果一个人能够从正反两方面去看待某事物,并且认为这两方面都有一定的正确性,那么这种能够接受矛盾的认知倾向可以被定义为“辩证思维”(dialectical thinking)。辩证思维会显著影响个体的情绪体验,使得情绪方向不再单一。辩证思维下所产生的情绪更可能是一种辩证情绪,即积极和消极情绪共存,更准确地说,它是指个体对同一刺激同时体验到积极和消极情绪的一种心理状态。如某个同学觉得自己每天太忙了,一方面他会很烦恼,但同时也会比较自豪,因为这种忙碌其实代表这位同学非常能干,很多地方都需要他。再例如一个同学抱怨自己的父母什么都管,一方面会觉得有些压抑和愤怒,但同时也会觉得开心和满足,因为这说明他时刻被自己的父母惦记,深深地被父母爱着。

2. 使用普遍感性策略

普遍感性是指个体在面对自己经历的挫折或者是失败错误时并不过分放大自己的缺陷,而是认为其他人在经历此事件时与自己的情况一样,是大家共有的普遍经验。只有个体存在普遍感性才会认识到苦难、缺点、挫折、不完美并不是只有自己在孤独地默默承受，而是全体人类共同的感受。与普遍感性相反的是孤独感，孤独感是指个体在经历挫折、苦难、困惑时认为只有自己才会这样，认为都是自己的不完美所导致的，其他人是不会这样的，然后就会沉溺于负面的自我感受里，不与外界进行信息交换。普遍感性使得个体能够全面且客观地去接受自己目前存在的不完美，能够从一个全面发展的角度，或者说更高层次来看待自己的遭遇，并且能够意识到，苦难是大众的，并不是只有自己一个人在经历苦难，这样可以使得一些消极负面的情绪逐渐向积极正面情绪转化。

3. 寻找例外

这一方法来源于焦点解决短期治疗。焦点解决短期治疗（Solution-Focused Brief Therapy，SFBT）是后现代主义治疗领域中的一种治疗模式，主要是由史蒂夫·德·沙泽尔（Steve De Shazer）及茵素·金·柏格（Insoo Kim Berg）夫妇在短期家庭治疗中心（Brief Family Therapy Center，BFTC）理论中发展出来的一种心理治疗模式。这种治疗模式特别看重的就是寻找“例外”，认为“例外”是解决之道。当人们面对问题的时候，总会有“例外性”，哪怕是在非常细微的地方。找到“例外”可以帮助人们从负性情绪向积极情绪转换。比如这次考试才得了 75 分，但有没有考 90 分的例外的时候？宿舍的同学都不喜欢自己，那除了宿舍的同学，有没有其他人喜欢自己？

4. 跨越时间和空间看待自己

这种方法也可以称为见证，是叙事疗法里非常典型的一种治疗方法。它的含义是让过去、现在和未来不同时空的自己或者生命中的重要他人来见证一个当下的事件，也许在过去的时空、未来的时空或者他人的视角里，这个故事会变得不一样，或许会让一个人看到一个新的故事，进而产生新的自我认同，这些新故事比当下的故事更有意义，这个新故事会为个人的成长带来新的机会。

比如一个同学非常努力，尽管成绩不错，但还是没拿到学校的一等奖学金。他此时觉得自己非常失败，对自己非常失望，心情也是非常沮丧。但是如果做一个假想，十年前的他自己和十年后的他自己如果知道这件事，也会这样诠释和看待吗？他身边的朋友和家人也会这样认为吗？为了改变当下伤心的情绪，他可以邀请不同时空的自己或者身边的重要他人。也许十年前的那个自己会对现在的自己说：“我还是很佩服你，真的没想到十年后你会考到这么好的学校读大学。”那个十年后的自己也许会对现在的自己说：“其实这真的不算什么，你如果知道未来十年你会经历更大的困难,就会发现一次奖学金没评上,真的是很小的事情。”身边的人可能会对他说:“虽然你没评上一等奖学金,但是在我们眼里你一直非常勤奋,也一直非常优秀。”

二、改变不合理的信念

美国心理学家阿尔伯特·埃利斯(Albert Ellis)于20世纪50年代创立了情绪ABC理论,阐述了情绪是如何被我们的不合理信念影响的。该理论认为激发事件A(activating event)只是引发情绪和行为后果C(consequence)的间接原因,而引起情绪和行为后果的直接原因则是个体基于对激发事件A的认知和评价而产生的信念B(belief)。也就是说,人的消极情绪和行为障碍结果(C),不是由于某一激发事件(A)直接引发的,而是由于经受这一事件的个体对它不正确的认知和评价所产生的错误信念(B)所直接引起。错误信念也称非理性信念。埃利斯认为:正是由于人们常有的一些不合理的信念才使我们产生情绪困扰。如果这些不合理的信念存在,久而久之,还会引起情绪障碍。根据这一理论,我们甚至可以这样认为:情绪是由我们自己负责的,没有一个外在的人或者事情能使我们生气。如被别人骂了一句后生不生气这一情绪,不是由难听的话决定的,而在于如何看待别人骂自己这个事情。因此,调整内心的不合理信念对于调节情绪非常重要。

你第一眼望去所看到的这张图中的人物是什么?

图 4-2

图 4-2 所示是美国著名心理测试中的一张心理学双面图。有人说，当你现在持理性信念且受正向情绪影响的时候，你看到的是一个青春靓丽的美少女；当你现在持非理性信念并受负性情绪困扰的时候，你看到的会是一个年迈还有些丑陋的老妇人。因此，你内心对外在事物所持有的信念既是产生情绪困扰的来源，也是调节自我情绪的支点。

那么如何改变不合理的信念呢？可以从下面两个阶段进行。

1. 第一阶段：识别非理性信念

非理性信念（irrational beliefs）是美国心理学家埃利斯 ABC 理论的核心概念，指缺乏客观事实依据、不符合实际状况的强求，是对自己、对他人、对周围环境及事物的绝对化要求和歪曲的看法。1962 年，埃利斯根据临床实践经验总结并提出了 11 种具有普遍意义的非理性信念，如“每个人绝对要获得他人，尤其是生活中的每一位重要人物的喜爱和赞许”“当生活中出现不如意的事情时，就有大难临头的感觉”“面对现实中的困难和自我所要承担的责任是件不容易的事情，倒不如逃避它们”“一个人以往的经历往往决定了其目前的行为，而且这种影响是永远难以改变的”等。简而言之，我们在社会生活中遇到的许多不合理信念都有绝对化、以偏概全和糟糕至极三大特征。

此外，社会生活中的每个人都会受特定文化、所处时代、成长经历、生活习惯等因素的影响而形成很多内在观念，比如“瘦的女孩就是美的”“穿裙子的一定是女人”“考试不及格的学生一定是差生”“没考上研究生一定找不到好工作”……这些观念很少甚至从未被质疑，一些固有的社会规划和传统的社会习俗，让人们对这些想法习以为常，导致很多人成为错误观念或偏见的牺牲者。因此，我们需要摆脱某些文化观念的禁锢，准确识别生活中的非理性信念。

你能识别出哪些是合理的信念，哪些是不合理的信念吗？

我无法接受被人轻视　　　　我希望被别人喜欢

我必须考个好成绩	我希望能考个好成绩
我应该比别人做得好	我努力比别人做得好
我的人生彻底失败了	我的这学期考试成绩不理想
失恋让我无法忍受	失恋让我感到痛苦
大家都不喜欢我	有几个人对我有成见

（答案：左侧一列的观点均为不合理信念，而右侧一列的想法均为合理信念。）

2. 第二阶段：改变非理性信念

非理性信念会引发很多负面情绪，曾有研究对200例精神分裂症患者和103位正常人进行对比，结果发现精神病患者的非理性信念水平高于正常人。心理治疗之后的60周随访表明，这些患者的非理性信念水平得以改善后，他们的社会功能明显提高。所以如果能转换这些信念，将其转换成合理的观点，情绪反应就会截然不同。如将“我应该比别人做得好”（自责、内疚、焦虑）的认知转变为“我要努力比别人做得好”（情绪稳定、理智客观、接纳自己）后，结果就会大不相同。下面是改变不合理信念的三个方法：

（1）改变绝对化的思维方式

绝对化是指人们常常以自己的意愿为出发点，认为某件事必定会发生或必定不会发生的想法。它常常表现为将“希望”“想要”等绝对化为“必须”“应该”或“一定要”等，例如“我必须成功”“别人必须对我好”，等等。比如一个北京名校毕业的学生自述自己很焦虑，觉得自己既然上了名校，就绝对要留在北京，不能回老家。导致他如此焦虑的原因，就是他有一个非常绝对化的信念——我绝对不能回老家，我必须留在北京。这就是信念绝对化的表现。

（2）改变以偏概全的思维方式

以偏概全的判断思维多来自一个人的主观心理臆测，常常表现为把“有时”“某些”过分概括化为“总是”“所有”等。用埃利斯的话来说，这就好像凭一本书的封面来判定这本书的好坏一样。以偏概全具体体现在人们对自己或他人的不合理评价上，典型特征是以某一件或某几件事来评价自身或他人的整体价值。“盲人摸象”就是很典型的故事。从前有四个盲人很想知道大象是什么样子，可他们看不见，只好用手摸。胖盲人先摸到了大象的象牙，说：“大象就像一个大萝卜。”高个子盲人摸到的是大象的耳朵，大叫道：“大象明明是一把大蒲扇嘛！”矮个子盲人摸到了大象的腿，说道：“大象只是根大柱子。”而最后一位盲人却嘟囔：“大象只不过是一根草绳而已。”原来他摸到的是大象的尾巴。四个盲人争吵不休，都说自己摸到的才是大象真正的样子。这就是以偏概全的生动例子。

（3）避免使用糟糕至极的思维方式

这种观念认为，如果一件不好的事情发生了，那将是非常可怕和糟糕的。例如，“我这次感情失败，以后一辈子都不会幸福了”“我没当上处长，不会有前途了”，类似的想法都是非理性的，因为对任何一件事情来说，都会有比之更坏的情况发生，所以没有一件事情可以被定义为糟糕至极。但是，当一个人坚持用这种“糟糕至极”思维看待事物时，那么当遇到所谓的百分之百糟糕的事情时，他就会陷入不良的情绪体验之中，而一蹶不振。例如，一个小学生做错了一道数学题，他的妈妈是这么想的：这太糟糕了，考试考不好就上不了好的高中，上不了好的高中就上不了好的大学，上不了好的大学就找不到好的工作，找不到好的工作就没法买房子和娶妻生子，那我儿子这一辈子就要完蛋了呀。一道题引发人生悲剧，可以说是糟糕至极思维方式的表现。这个例子虽然夸张了一些，但糟糕至极这种不合理的信念在我们生活中真的很常见，它非常容易让人产生消极情绪。

三、多一些观察，少一些评判

心理学家马歇尔·卢森堡在其著作《非暴力沟通》中对观察与评判进行了区分，观察是用客观角度看事物，评判是主观角度给事物下结论。人们对于事物的讨论是基于它的情况，而不是基于你我的主观评价；基于事实得出的论断才能更加准确和可信；先入为主会影响判断。对于大多数人来说，观察他人及其行为而不评判、指责或以其他方式进行分析是难以做到的。评论暗含着自己的价值观及需要，评论容易引发个体的自我检视，评论过后更容易对自己和他人产生指责和不满等负面情绪。例如，一个男人带着几个孩子坐地铁，孩子从上车开始就大哭不止，弄得车厢里的人不堪其扰，男人却也不加以劝阻，大家都觉得这几个孩子很讨厌，很不听话，但是当男人说“他们刚刚失去了妈妈”时，车厢内的人的态度立马改变了，对孩子投去了同情的目光，再也不觉得孩子的哭声是一种噪声，反而让人心疼不已。我们往往习惯于用自己所看到的去评判他人，有时候我们的评价并非事实的真相，但是我们早已先入为主，忽视了基于事实的观察。

拓展活动

请你用一句话描述图 4-3，你会说什么?

图 4-3

互动小程序：测测你是评价思维还是观察思维

这个老板在指责下属，看起来颐指气使的样子。

一个很蛮横的老板在骂自己的下属。

一个员工被老板骂了，样子有点儿窝囊。

老板叉着腰，在跟一个员工讲话，可能说话声音比较大。

在我们的思维习惯里，评价总是比观察优先启动。比如：听到某个人的工作内容比较琐碎，小事、细节处理得比较多，就觉得这个人的工作是打杂的；听到某个人的自身能力不行就觉得这个人一定不善言谈、比较慢热；听到某个人不被领导喜欢和重视，就想当然地认为这个人跟领导交流较少、想法和办事风格不同；听到一个人说个人能力不太适合当领导，就认为这个人前途渺茫；听到一个中年人身体患有某种慢性疾病，会给生活的某些方面带来不便，就认为他命不好……

“多一些观察，少一些评价”对负面情绪的预防具有非常重要的意义和价值。观察基于事实，更容易被理解和接纳，会产生较少的负面情绪；但评价则可能暗含攻击和指责，往往是对个体人品、道德等核心人格特质的否定。不带评论地观察是人类智慧的最高形式。

四、减少社会比较

1954 年，美国社会心理学家利昂·费斯廷格（Leon Festinger）首次提出了社会比较理论（social comparison theory），该理论认为人们具有评价自身观点和能力的动机，当所处的情境中缺乏客观标准时，为了降低不确定感，个体会倾向于与类似的他人进行比较，从而获得能够正确评价自我的信息。社会比较是指人们在现实生活中，将自己的能力、感觉、境况、观点等与别人进行比较的过程。根据社会比较的对象不同，可以将社会比较分为平行社会比较、上行社会比较和下行社会比较。平行社会比较是指个体有了解自身观点和能力状况的愿望，当缺乏客观标准时，会倾向于与自己能力和观点相似的他人进行比较，以获得更多有效可靠的信息。上行社会比较是指个体通过与比自己表现好的人进行比较以达到自我提升等目的。下行社会比较是指个体和比自己表现差的人进行比较。1981 年，Wills 正式提出了系统的下行比较（downward comparison，DC）理论。该理论认为“在遭遇失败、丧失等消极生活事件后，个体的自尊和心理健康水平就会减低，这时个体倾向于和比自己处境差的人比较，以此来维持其自尊和主观幸福感”。社会比较会对个人的认知、情感、行为等造成影响。

个体对“得”与“失”的判断，往往来自比较，承载效用或者价值的，不是价值的最终状态，而是相对的变动。有句话说得不错：“没有对比，就没有伤害。”反之，想要避免伤害，那就要减少比较。遗憾的是，生活中人们特别喜欢比较，以大学生为例，因为非常注重自我价值，很容易就把自己和周围的人进行对比，比如“他的家境比我富裕”“她长得比我漂亮”“他学习成绩比我优秀”等。这种社会比较特别容易带来情绪波动，所以，如果想避免频繁地出现情绪波动，那就需要尽量减少社会比较。

如何看待人们常说的“内卷”和“躺平”

2020 年下半年，有几张图片在网络上刷屏：有人骑在自行车上看书，有人边骑车边用电脑，有人床上铺满了一摞摞书……“边骑车边用电脑”的同学被称为“卷王”

并登上热搜,“内卷”成为热词渐渐流行开来。内卷原指一类文化模式达到了某种最终的形态以后,既没有办法稳定下来,也没有办法转变为新的形态,而只能不断地在内部变得更加复杂的现象。经网络流传,很多人用内卷来指代非理性的内部竞争或“被自愿”竞争 。因此,内卷现指同行间竞相付出更多努力以争夺有限资源,从而导致个体“收益努力比”下降的现象,可以看作努力的“通货膨胀”。

当大家觉得实在“卷”得厉害的时候,就又出现了一个新的网络热词“躺平”。它指无论周围人做出什么反应,我们自己的内心都毫无波澜,对此不会有任何反应或者反抗,表示顺从心理。年轻人选择躺平,就是选择走向边缘,超脱于加班、升职、挣钱、买房的主流路径之外,用自己的方式消解外在环境对个体的规训。那我们又该如何看待躺平这一网络热词呢？它背后反映了什么样的群体心态呢？

北京师范大学就读的一位博士研究生指出:(1)“躺平”隐含了彻底放空自我,无欲无求的个人期待;(2)“躺平”是指在主观上主动退出日益内卷化的社会竞争;(3)“躺平”表达了青年人对普遍“内卷”的抵抗诉求;(4)选择躺平的人是在直面努力工作背后的荒谬与虚无感。所以,停止社会比较,减少内卷,适当地躺平,我们就会从焦虑弥漫的社会环境中逐渐摆脱出来,拥有一个平和的情绪和轻松的生活。

第三节　负性情绪的行为调节

情绪的行为调节策略主要是通过一些外部的行为来减弱或者消除负性情绪,往往是对产生负性情绪的环境因素进行调整。

一、合理发泄情绪

情绪是一种可以积累的能量,个体的压抑并不会使它消失。水的沸点是100摄氏度,气压不同的地区,水的沸点可能不一样。情绪的爆发点也有一个相对固定的数值,当负性情绪在临界值之内我们习惯性地压抑和克制自我,情绪长期得不到发泄和释放,我们的心理压力就会越来越大。最后,情绪有可能转变为其他的病痛表现出来。中医认为“喜伤心,怒伤肝,恐伤肾,思伤脾,忧伤肺”,可见情绪会影响脏腑,一个人身体不舒服,可能源自不良情绪的积累。情绪压抑对个人有很大的伤害,当某种不好的情绪在生命中反复出现时,就必须疏通,疏通不掉就可能积累在我们的体内,随时发作。例如,一位老先生在公交车上因为座位的事情与人争执,导致血压飙升被送往医院急救;一位中年女性婚后受丈夫冷落,长期情绪抑郁得了乳腺增生和结节;

古代小说中,范进经多次考试落榜,最终考中举人后大喜过望得了“失心疯”。因此,适当的、积极的情绪状态是保持个体身心健康的必要条件。

情绪发泄在情绪调节中具有非常重要的作用。为了维持自身的心理平衡,人们需要去寻找一个恰当的对象将个人的消极情绪予以宣泄,使心中积压的负性情绪得以稀释,从而摆脱这种负性情绪的干扰,保持心理的平衡。宣泄可以帮助人们排遣不良情绪,但情绪宣泄要合理。很多人无法或者不敢将一些负性情绪如委屈或愤怒表现出来,只好把这种负性情绪压抑下去,这样做的原因通常有两点。

第一,人们习惯了拒绝负性情绪,觉得负性情绪不好,尽量不能有负性情绪。例如,一个有家庭暴力的父亲因为不能接受儿子哭而动手打儿子,此事引人质问,父亲表示,儿子一哭,就让自己觉得特别难以接受,他觉得男孩子是不能哭哭啼啼的。

第二,把情绪发泄与不合理行为混淆。宣泄情绪应该选择合理的方式,例如,一个人生气了就拍桌子、摔东西发泄,痛苦至极甚至割腕自残,这些确实是发泄情绪的表现,但是这些发泄方式是不合理的。因为他伤害了自身或他人,破坏了社会秩序,有的甚至违反了法律。所以,我们一定要了解情绪发泄的合理途径和方法。合理的发泄情绪是表达愤怒,但不毁坏东西,更不会攻击别人;可以悲伤,但不要伤害自己,更不要牵连家人;允许嫉妒,但不要使用不良手段伤害对方。下面是几种合理发泄情绪的方法:

1. 言语倾诉

适当的倾诉对保持心理健康非常重要,当你情绪不好的时候找一个可以信任的朋友,把内心的感受、想说的话、真实的想法说出来是十分有益的。同时,倾诉特别需要勇气,还需要找到一个值得信任的倾诉对象。如果你是一名倾听者,在与人交流的过程中,一定要给对方倾诉的机会,并提供一个安全的倾诉环境。此外,学习一些倾听的技巧也是必要的,认认真真地听不等同于正确的倾听、良好的倾听,倾听是一门复杂的学问。

2. 身体运动

运动心理学的有关研究表明,运动具有减轻应激反应以降低紧张情绪的作用。运动可以锻炼人的意志、增加人的心理坚韧性。学者姜媛、张力为、毛志雄等通过问卷调查发现,体育锻炼可以影响情绪调节自我效能感,情绪调节自我效能感可以影响情绪调节策略,进而影响心理健康。还有研究者对体育锻炼后的受试者立即进行测量,发现他们焦虑、抑郁、紧张的程度显著降低,而愉快程度显著提高。一个人坚持每周 2—4 次的运动锻炼，持续 8—10 周以上，可产生长期情绪效益。这主要表现在坚持运动与自我良好感觉相关，运动对焦虑、抑郁等消极情绪有治疗作用。现代社会的快节奏生活和激烈的社会竞争常常使人们情绪波动或过度紧张，要适应这种环境并保持良好的心理状态，就必须多参加各种形式的体育运动，以缓解内心的紧张情绪，使身心张弛适度，始终保持在一种比较稳定、积极的状态之中。很多艺术类、体育类高校出现情绪和心理问题的学生比例低于一般的综合类大学，这从侧面说明了体育锻炼在情绪调节中的作用。

3. 找回哭泣的本能

哭泣是一项人类高度进化的行为。从情感上说，哭泣能帮助提升情绪。有研究表明，落泪让近 90%的哭泣者的情绪得到了明显改善，哭泣能比抗抑郁药起到更好的自我安慰和提升情绪的作用。哭泣在生活中是十分必要的，甚至说哭泣也是延长寿命的一个因素。不管是发达国家还是发展中国家，其人口统计数字均显示，与男性相比，女性的寿命要长 5—10 年。有关专家分析称，除职业、生理卫生、心理等因素外，哭泣相较更多也是女性长寿的重要原因。哭泣不仅能降低负面情绪，还有利于身体健康。那些不哭或少哭的人，他们的情绪得不到适当宣泄，往往会引发结肠炎、胃溃疡等疾病，反之，哭泣则会在一定程度上减轻病痛，有利于病情恢复。因此，我们要抛弃“哭泣是软弱的”这种陈腐观念，该哭就哭。

二、建构丰富多彩的生活

贝克斯顿（Boxton）在美国麦吉利大学所做过的一个感觉剥夺实验，在一定程度上回答了丰富多彩的生活与良好的情绪间的正向关系。该研究实验募集了多名大学生志愿者作为参加实验的人，志愿者的任务就是每天躺在床上睡觉，并有每天 20 美元的酬劳，他们可以自己决定何时退出实验。从图 4-4 中，我们可以看到，志愿者躺在一个特殊的装置里，在这里志愿者被戴上护目镜、手套，与其相关的所有外界刺激都被隔离了，只有饮食排泄这些基本需求会得到满足，其他时间只能躺在这里。在实验环境中，躺着的时间越久，得到的酬劳就越多。刚开始，很多志愿者参加实验的态度非常积极，他们认为躺一天就可以赚到 20 美元，十分划算。但是，随着实验的推进，大多数志愿者在实验开始后的 24—36 小时内要求退出，没有人坚持 72 小时以上。

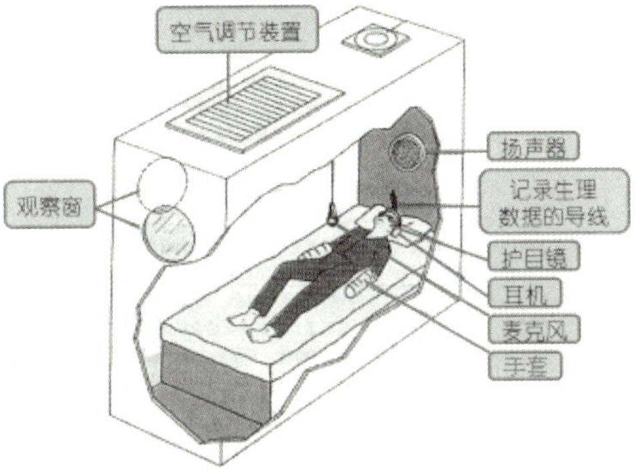

图 4-4　感觉剥夺实验

志愿者在实验刚刚开始时是安静地睡觉，很惬意、很舒服。但是，慢慢地就有人开始表现出厌倦和烦躁，开始躁动不安，再到后来就有人开始自己制造刺激，比如唱歌、吹口哨、自言自语，到最后甚至有人出现幻觉等病态的表现。为什么会这样呢？究其原因，志愿者几乎所有的感官刺激都被剥夺了，他看不到东西、听不到东西、触摸不到东西，眼睛、耳朵、皮肤等感官都接受不到外界的刺激。研究人员认为，维持大脑觉醒状态的中枢结构——网状结构需要得到外界的刺激以维持一个激活的状态。当外界刺激被阻止时，大脑就即兴创作，自己产生刺激。因此，这个实验说明了外界刺激对情绪的重要影响。

根据这个实验我们就可以理解为什么生活中人们需要定期地品尝美食、外出旅游，为什么有的人闲暇时喜欢听音乐、泡温泉，这些活动本质上是在为我们的各路感官提供新鲜刺激。在大城市的写字楼里工作久了，人们就会期望到乡村或郊区看看大自然的青山绿水与花红柳绿，这不仅仅是生理上的满足，也是一种心理上的满足。感觉剥夺实验对于大学生的启发就是要有丰富多彩的大学生活。但是在现实生活中，很多学生过着三点一线甚至两点一线的生活，这种枯燥的生活就容易引发负性情绪。例如，有的大学生在高中时期有明确的高考升学目标，进入大学后好像丢失了之前明确又坚定的目标，白天继续重复高中时期“上课—吃饭—休息”三点一线，闲暇时间孤独感、空虚感溢出；但是也有的大学生合理规划大学生活，学习上积极上进、评奖评优，闲暇时参加社团丰富自我、结识好友，用更多的时间提升自我，获得成长。

三、建立良好的社会支持系统

在客观压力等级不变的情况下，社会支持程度高的人，不容易产生抑郁、焦虑的情绪，即无论客观压力如何，社会支持一直是预防抑郁、焦虑等负性情绪产生的一个重要的保护性因素。心理学上的支持系统通常是指个人的“社会支持系统”，即个人在自己的社会关系网络中所能获得的、来自他人的物质和精神上的帮助和支援。一个完备的支持系统包括亲人、朋友、同学、同事、邻里、老师、上下级、合作伙伴等，亲情、友情、爱情是社会支持系统中最主要的三种。当然，还应当包括由陌生人组成的各种社会服务机构。美国医学和心理学界研究发现，人的寿命长短，遗传只决定25%，更重要的影响因素是一种有意义的联结。从表面上看，每个人的社会关系网都差不多，无非是父母手足、同学同乡、朋友同事，但深入观察，每个人从中获得的支持却有很大的差异。有的人在个人支持系统中与他人共享生活并充满幸福感，遇到困难时总能获得及时而又有力的帮助；而有些人虽然和别人一样也拥有客观存在的关系网络，却与其中的人相处得很糟糕，在陷入困境的同时，也迅速陷入孤立无援的状态。

因此，当面对某种负性情绪时，我们可以充分利用自己拥有的社会支持系统，发挥支持系统的正向作用。例如，一个女生被同学误会为小偷后，悲伤、委屈等负性情绪充斥着内心，后来在父母、老师、好友的支持下证明了自己，也找回了自尊和快乐。因此，良好的社会支持系统对情绪有正向的支持作用。

四、放慢生活节奏

慢生活是快速的时代发展和城市变迁下的一种生活理念和生活方式，这里的“慢”不是指效率上的慢，不是拖延时间，而是和谐、快乐、健康的生活方式，可以有效提升个人的生活幸福感与获得感。有心理学的研究表明，放慢生活节奏，有助于缓解焦虑、提升幸福感，行动迟缓的 B 型人格比行动迅速麻利的 A 型人格，焦虑水平就低得多。

有一位普通的职场人士曾经谈及与慢生活类似的自身体验，他说：“只要回到老家我就会睡得非常好。”他的老家在较为偏远的农村，他在那里过着一种慢悠悠的生活，既不需要清晨在闹铃的催促下艰难地爬起，一边穿衣服一边跑步下楼，也不需要在来来往往的人流中挤进地铁，更不需要在路上匆忙地结束早餐，相反，可以慢悠悠地散步、聊天、吃饭，享受慢生活带来的愉悦感。他也说自己只要回到工作的大城市，虽然床更舒服了、吃得更精致了，但却睡不好了。睡眠情况糟糕是焦虑的一种表现，当一个人觉得焦虑的时候就应该有意识地放慢生活的节奏，在工作与生活中找到平衡的支点。比如按时起床并吃一份早餐，明明 10 分钟可以做完这件事，但有意识地将它延长到 15 分钟；出门走路不那么匆忙，放慢脚步，欣赏一下路边的花草。

附录:大学生负性情绪典型案例及调节方法

❀我在公共场合讲话很紧张怎么办?

❀心中愤怒,我是拍案而起,还是咽下这口气?

❀我做事急躁,却不知急从何来。

❀忍不住跟父母发脾气,怎么办?

❀为什么容易把负面情绪转移给身边的人?

第五章　人际交往与冲突解决

故事引入：感觉自己被舍友孤立了，很难受怎么办

小芯，你好，最近有个问题一直困扰着我。前几天我舍友们一块儿出去聚餐，却没有叫我，我当时心里特别不是滋味。其实我知道自己一直以来跟舍友的关系都不是太亲近，她们经常相约一起逛街、一起去参加音乐节，但我对这些活动都不太感兴趣，就没怎么跟她们一起。但聚餐这种宿舍集体活动她们不仅没叫我，还把照片发了朋友圈，一点儿都不顾及我的感受。我感觉自己被孤立了，很难受，不知道该怎么办！

感谢乐乐分享自己的困惑！觉得自己明明没做错什么，却被排除在集体活动之外，小芯能感受到你心里的委屈与不解。有这样的情绪是很常见的，接下来小芯想跟你一起思考一下，这种情绪是怎么来的。

好啊，我也觉得自己可能是想多了，试图说服自己不去在意，但是心里面就是不舒服。

AI 支招：

前面乐乐同学提到，由于兴趣不同，她很少跟舍友们一起活动，这时她是没有产生委屈的。但集体聚餐却没叫她，似乎在暗暗向其他人透露出一种信息：缺席的她不合群。这可能会让别人对乐乐同学产生负面评价。无论舍友们是不是真有这种意图，乐乐心里都可能会有着这种猜测，因此觉得难受。这是可能的情况之一。还有一个可能，就是乐乐同学觉得这件事反映出了舍友们对她的态度。是不是对我有

什么意见？是不是自己哪里做错了什么？即便找不出什么错处，这种反复的回想拷问也一定让乐乐同学不好受。

不难发现，乐乐情绪产生的根源，都来自对别人想法的猜测。但是，事实真是那样吗？不一定的。聚餐不喊你，也许是不熟悉你的日程安排，也许是其他人一时起意没来得及叫上你，也许是之前你就很少跟她们一起活动，因而这次也默认你不会参与，而不是对你有什么意见、故意孤立你。当然也存在你和她们之间有着误会，例如你多次不和她们一起活动，她们觉得你太“高冷”等情况。事实的真相有许多可能，想要揭开面纱，其实沟通比猜测要更加有用。

沟通，就是乐乐同学解开问题的钥匙。试着告诉她们自己因为这件事感到难受，再借这个话头问一问她们的想法。从乐乐同学的阐述中，能感受出她们之前并没有大的冲突和过节，性格上还是能处得来的。我相信，经过一番有效的沟通，有很大的可能性能解开误会。

我明白了，之前有过很多类似的情况，我也往往都是把猜测藏在自己心里，还没想过找个机会好好地沟通一下，接下来我会找个合适的时机跟舍友聊聊这个事情。

最后，小芯想说，人际关系是复杂的，变幻莫测的。人若不交流，在层层的猜测中，大家很容易走岔路，远离了原本熟悉的好友。但沟通是一座架在人心上的桥梁，能让你了解别人的内心所想。希望乐乐同学能在真诚沟通后，解开自己的心结，也能走近他人！

第一节　人际交往的定义及基本原则

一、人际交往的定义

人际交往也可以称为人际关系，是人类社会特有的一种现象。有学者认为人际关系是人们交往过程中结成的心理关系和距离。还有人认为人际关系是通过交往而形成的人与人之间的一种心理关系和相应的行为表现。也有人定义人际关系是人与人之间的交互关系，人际关系的和谐与否基于个人处世待人的态度和能力。对于人际关系的理解，我国大多数研究者都认为：人际关系是人与人之间的一种心理距离和联系。

人际关系反映了交往双方寻求满足其社会需要的心理状态。人际交往所形成的是一种较为稳定的情感联系，是人与人之间相对稳定的情感纽带。这种关系一旦形成，就会作为进一步相互作用的背景和导向系统，对后续的交往形成定向性影响。日常中我们所说的友谊关系、爱情关系、家庭关系、同事关系，等等，都是人际关系的不同类型。

人际关系图

先在一张纸上绘制一个圆圈，圆圈内写上“我”来代表自己，回想从迈入大学的第一天起你所拥有的关系网络，用不同的圆圈代表不同的人际交往对象类型。再花时间思考不同的人际交往对象跟自己的亲疏关系，以圆圈之间的距离来表示亲疏关系，如图 5-1 所示。接下来可以思考如下问题。

1. 你和不同类型的人际对象的交往方式是怎样的？
2. 在大学期间，列出不同的人际交往对象对你的作用。
3. 目前你的人际圈是否合理？是否需要进一步改善？

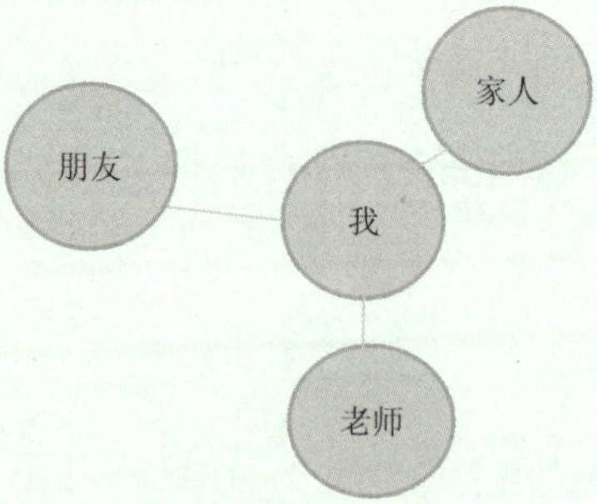

图 5-1　人际关系图

二、人际交往的基本原则

1. 真诚原则

人际交往的真诚原则是建立良好人际关系的基础。心理学家安德森对关于个性品质的喜爱程度进行研究后发现，在最受人们欢迎的个性品质中，排在最前面、最受喜爱的六个品质是真诚、诚实、理解、忠诚、真实、可信。可以看出，后面的五个品质都与前面的“真诚”有关。在人际交往中，我们要始终保持诚实的态度，即使面对别人的批评或质疑，也应该保持坦诚和真实，不要因为害怕伤害对方而掩饰自己的真实想法；要坦率，敢于表达自己的意见和感受，不要因为害怕伤害对方而保持沉默，也不要因为想保持神秘感而掩饰自己的真实想法；要尊重他人的观点和感受，不要恶意批评或攻击对方，也不要轻视或嘲笑对方。只有在真诚的基础上，才能建立良好的人际关系。

2. 平等原则

在人与人的交往过程中，我们应该坚持双方平等的原则，不因经济条件、外貌、出身、性格、年龄差距等因素区别对待他人。在个人与个人之间的交往中，我们应该避免对他人的歧视和偏见，尊重每一个人的独特性和个性差异。在不同群体之间的交往中，我们应该认识到不同人群之间的文化、历史、经济、政治等方面的差异，避免对其他群体的歧视和偏见。比如，不能因为室友来自农村或穿衣朴素等，便在交往中轻视对方。

3. 宽容原则

宽容是更好地维系人际交往的重要原则。宽容不仅仅是指对别人的错误或过失不去计较，更包括了能够以包容的心态接纳别人、理解别人，甚至是对于自己的不足也能够宽容地面对。宽容的原则在人际交往中有很多体现，比如我们能够容忍别人的一些言行举止，不随意发脾气或指责别人。同时，宽容也意味着我们需要给予别人一定的信任，相信每个人都有自己的立场和想法，不要轻易去质疑或否定别人的观点。

4. 信用原则

信用原则是人际交往的重要基石，履行承诺是信用原则的重要体现。在与人交往过程中，我们不要轻易许诺，一定要根据自己的实际情况许诺，如果许诺了却并没有兑现，那么就会使别人产生不信任的感觉，甚至可能会失去朋友、亲人等。我们答应了别人的事情就一定要做到，履行诺言，如果实在无法完成，要跟对方耐心地讲清楚，以获得对方的理解。

5. 互利原则

在人际交往中，互利原则要考虑双方的共同价值和共同利益，使双方都能获得需求满足和心理平衡。社会交往是交换过程，在交往中人往往都想要尽量获得最大的利益，提供给自己最多利益的人是最吸引人的。利益不仅是物质上的，也可以是精神上的，如归属感、安全感、信任等。由此可见，在交往过程中，每个人都渴望自己从对方那里满足物质或者精神上的需要，而这种需要是要交换的，也就是说我们想要从他人那里获得利益，就必须能够为他人提供某方面的需求，只有双方的需求都能够得到满足，才能够使关系更好地维持下去。因此，我们要兼顾付出和所得，不能只一味索取。

三、当代大学生人际交往的问题

人际关系在大学生学习生活中扮演着重要角色，学生通常需要处理各种人际关系，包括与家人、同学、舍友、老师、辅导员之间的关系等。当代大学生的人际交往出现新的特点和问题如下。

1. 网络人际交往增多，现实交往减少

如今，网络交往已经成为一种重要的新型人际交往互动方式。对于大学生而言，网上社交已成为生活中的一部分。学校通知传达、社团活动组织、日常交流等无不依赖社交网络，学习、生活、恋爱、交往无不需要社交网络应用。越来越多的大学生将线下互动转换成了线上互动，“宅”成为大学生的新名词。之所以出现网络交往增多，一方面是因为处在青年阶段的大学生在心智、思维和对社会的认知能力方面仍处于懵懂的状态，大学生渴望得到认可，渴望与世界、他人建立联系，而社交媒体的出现扩大了大学生接触的人群，更能够帮助大学生在网络中找到志同道合的朋友；另一方面，网络社交具有虚拟化特点，可以将人与人出现现实的摩擦和隔阂降到较低水平，不用担心尴尬、害羞，以及矛盾冲突。同时，社交媒体的出现对于内向、不善社交的大学生来说，可在一定程度上使他们对人际关系的处理变得简单。

2. 人际信任度下降，孤独感增强

俗话说“知人知面不知心”，人们在交往过程中往往都存在着一定的戒备心理，特别是现代社会中交往的复杂性、风险性和不确定性对人际信任造成了更大的冲击，总体人际信任水平出现了一定程度的下降。而且在网络交往过程中，这种戒备心理通常会放大，交往双方通过网络这一中介进行互动，双方因为时间与空间相隔，甚至隐匿个人信息，从而增加了巨大的交往风险。大学生现处于一个心智与理智接近成熟的阶段，自身对于交往风险的感知较为敏感，对于网络中的交往，大学生会带有一定抗拒与不信任的心理，与此相伴随的便是孤独感。同时，在社会转型的背景下，孤独感是青少年人际交往状况是否良好的线索之一，是衡量青少年心理健康状况的重要指标。有研究者采用横断历史研究的方法对 2001 至 2019 年间的 79 篇测查青少年孤独感的文献进行分析，结果表明我国青少年孤独感水平在逐年上升。

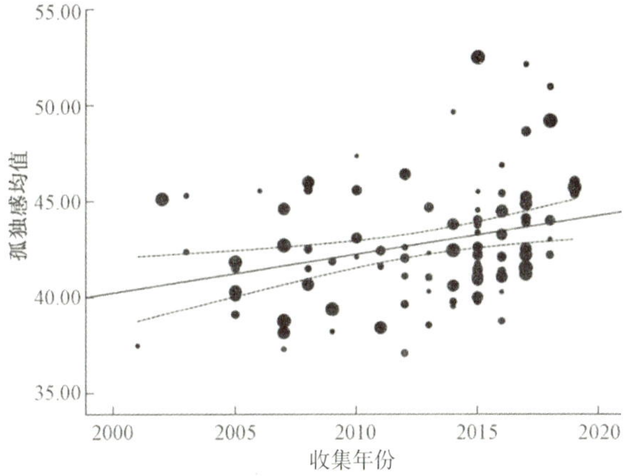

图 5-2　2001 至 2019 年青少年孤独感的变化

（摘自《2001—2019 年我国青少年孤独感的变迁：横断历史研究的视角）

3. 自我中心化特征明显，沟通能力不足

一是存在自我封闭、不愿意交往的现象。通过问卷调查结果分析，有一部分学生在人际交往和沟通中缺乏自信，不敢或者不愿意主动与同学、朋友或家人进行交流，在人际互动中处于被动地位。比如在日常生活中遇到老师和同学，有部分同学就会假装没看见而不主动打招呼，或是羞涩地打招呼。

互动小程序：你的人际信任水平高吗？

二是渴望交往却困难重重。在人际交往和沟通中，人们都会存在不同程度的恐惧心理，只是每个人的反应不同。有一部分学生在这方面反应强烈，和他人沟通时显得特别紧张，不敢正视对方，说话会出现语无伦次、词不达意等。

三是交往平淡，缺少知心朋友。调查中发现，这类学生能正常与别人沟通交流，但是缺乏交往的深度，交往仅仅停留在表面，没有进行心与心的沟通，相互之间缺少影响力，知心朋友的数量不多。

四是在交往中，表现出以自我为中心。调查显示，很多学生认为人际交往中无论如何都要尊重自己，这部分同学习惯于以自我为中心，在与他人交往过程中总是以自己为主体、他人为客体，当他人的思维和行为与自身的思维和行为产生矛盾时，便会强行去改变他人的意志，跟别人吵架或者给他人提意见，甚至产生过激行为，造成严重后果。另外，有一部分学生存在交往动机功利化，把交往当作一种实现自身目的和利益的工具。

第二节　人际沟通的技巧

人际沟通是影响人际交往的主要因素之一。有研究发现，沟通效能感与网络关系成瘾呈显著负相关。美国著名的家庭治疗专家萨提亚等将人际沟通方式分为讨好型、指责型、超理智型、打岔型和一致型 5 种类型，并认为讨好型、指责型、超理智型和打岔型沟通方式属于等级式的关系，是不正确的沟通，影响人际关系满意度，而一致型沟通方式则会使人达到内外和谐，有助于建立满意的人际关系。因此，掌握良好的人际沟通技巧，可以帮助大学生建构健康的人际关系，进而提高大学期间的学习效率，掌握更多的技能和本领，不断地提升自己，更好地帮助自身完成社会化。

一、使用一致型沟通姿态

萨提亚模式又叫联合家庭治疗，是一种家庭心理治疗的新方法，主张从家庭、社会等系统方面着手，更全面地处理个人身上所背负的问题。在萨提亚模式中，个人和重要他人的互动模式被称为沟通姿态，即一个人传递信息的方式，个人将信息赋予意义，传送出去，接收进来，并在内心或外在行为上做出一定的反应。沟通姿态对个人处理人际互动，以及对自我进行评价有着重要影响。

萨提亚认为，沟通中一般包含三个要素，即自我、他人和情景。若三个要素均具备，称其为“表里一致的沟通”，如有一项及以上要素不到位，就会发展出指责、讨好、超理智、打岔四类“沟通姿态”，这四种沟通姿态称为“不一致型沟通姿态”。不一致的沟通使双方的主观感受和客观表达产生割裂,最终彼此的主观感受都无法得到对方的理解,没有这种理解,就不可能产生有效的沟通;彼此的主观感受也都得不到满足,当彼此的主观感受长期无法得到满足,就会导致关系恶化。

1. 讨好型沟通姿态的改善

讨好类型的人在人际互动中常常会忽视自我,而把焦点放在他人和情境上。他们只考虑别人的感受,不顾及自己的感受,尽量让别人满意而压抑了自己的感受。这种类型的人内在价值比较低,言语中经常流露出"这都是我的错""我要让你开心"等语意;外在行为则习惯于道歉、恳求宽恕、屈服、过分和善。针对讨好型的人格,我们可以按以下步骤来进行改善:首先,进行自我反思,明白自己的期待和需求;然后,降低自己对他人的责任感,告诉自己已经为他人做了很多了;最后,我们需要坦诚地向对方说出自己不舒服的感受,并且相信自己拒绝他人是合理的。具体调整事例见表 5-1。

表 5-1 讨好型沟通调整事例

	讨好者	调整后
事例	室友总是让我帮忙带饭。	
理论分析	在自我、他人和情景三个因素中,更看重他人的感受,而忽略、压抑了自己的感受。	除了他人感受和情景两个因素外,也要自我关怀、自我反思。
内心、行为分析	如果不答应室友,他可能会生气,可能会不开心、会不喜欢我,表面上答应了室友的请求,但内心很不舒服。	首先,进行自我反思,看到自己"中午要去图书馆,不回寝室"的客观情况,意识到如果答应室友导致自己无法去图书馆。然后,意识到自己并不是每次都有义务给室友带饭,降低自己对他人的责任感。最后,要勇敢地表达自己的想法。
行为结果	虽然不满,但表面还是答应了,但内心很不舒服。	向室友说明"中午要去图书馆,不回寝室"的客观情况,进而告知室友自己不方便帮忙。
调整的总原则	讨好者在日常生活中要增加对"自我"的觉察。	

2. 指责型沟通姿态的改善

拥有指责型沟通姿态的人在人际互动上经常会忽视他人,更关注自我和情景。指责者只考虑自己的感受,而不顾及他人的感受,总是对别人不满。言语上经常出现"都是你的错""你从来没做对过一件事"等;行为上批评、命令他人,寻找他人的错误;而他们的内心体验除了愤怒、不满之外还会有孤独感和挫败感,潜意识期望获得对方的认可和欣赏。对于指责型的人格,首先要进行自我反思,分析指责行为对自己和他人的影响；之后向对方真诚地表达自己的内在体验，询问他人行为背后的原因及感受。具体调整事例见表 5-2。

表 5-2　指责型沟通调整事例

	指责者	调整后
事例	我经常反复强调男朋友没有一点儿上进心，就喜欢打游戏，经常指责他。	
理论分析	在自我、他人和情景三个因素中，更关注自我和情景，关注自己的感受而不顾及他人的感受，总是对他人不满。	除了自我感受和情景两个因素外，也要增加对他人的理解，共情他人的感受，了解他人的期待和渴望。
内心、行为分析	当我看到男友经常性地打游戏，觉得他一点儿上进心都没有；让男朋友给自己买东西，有时候还办不好，觉得他除了打游戏什么事情都办不好，于是常常指责他。	首先是进行自我反思，询问自己："我指责他之后是不是自己还是很生气？""指责完之后对方会是什么反应？"然后，询问对方"为什么要打游戏？""为什么让他做某件事情没有做好？"最后，向对方表达自己对他打游戏这个行为的感受，了解他打游戏的内心。
行为结果	当看到他打游戏就很生气，就指责他一无是处，什么都不会。	告诉对方在某些时候看到他打游戏很生气。向对方询问打游戏的原因，以及他背后的期望。
调整的总原则	指责者在日常生活中要增加对"他人"的觉察。	

3. 超理智型沟通姿态的改善

这种类型的人在人际互动上经常会忽视他人和自己，而只注重情景。超理智者的理念就是"讲理大于讲情"，内心有一套自己的言行判断标准，习惯性地在沟通中做理性的"是非对错"判断。言语上经常说"规定就是规定，其他的不用解释"等；经常会提到各种准则，以及一些抽象、冗长的解释，但不太去表达自己的情感。对于超理智型人格，首先要进行自我反思，了解自我和他人背后的需求和期望，然后依靠自己的智慧尝试察觉、体验自己和他人的情绪情感，并将其表达出来。具体调整事例见表 5-3。

表 5-3　超理智型沟通调整事例

	超理智者	调整后
事例	我的女友告诉我，她的组员没有按时完成所负责的任务而导致整个小组作业没有按时提交，于是和她的组员有了争执。	
理论分析	在自我、他人和情景三个因素中，经常会忽视他人和自己，而只注重情景。	除了关注情景之外，也需要关注自己和他人的感受，关注彼此对于情景的舒适度。

续表

	超理智者	调整后
内心、行为分析	女友生气的原因是因为她的组员没有按时完成任务，我应该询问事情的经过，帮助女友分析背后的原因以及跟组员吵架行为的不妥。	首先进行女友行为的分析，关注女友的情绪和女友背后的需求。我应该意识到女友现在很生气，向自己吐槽是在发泄她的愤怒，她希望我理解她的生气，希望我去安慰她。
行为结果	我就此事询问她的组员没有按时完成任务的经过，跟女友探讨背后的原因，以及指出女友面对这种事情要心平气和，不要跟别人吵架。于是，女友对自己发脾气，更加生气。	分析女友生气的原因，给予女友理解，安慰女友，让女友不要生气，给女友一个拥抱。
调整的总原则	超理智者在日常生活中要增加对“自己”和“他人”的觉察。	

4. 打岔型沟通姿态的改善

这种沟通模式的人在与人沟通时，经常是心不在焉的样子，分散别人的注意力，既忽略他人和自己，又忽略了情景。打岔者倾向于逃避压力和避免痛苦的情境。其言语上表现为谈一些无关的话题，行为上经常打断别人的讲话，做一些不合时宜的行动等。对于打岔型的人格，需要接纳并整合自我、他人和情景三个要素，增加对当下情况的关注能力，找到改善的方案。随后行动，当冲突发生的时候，不逃避，不转移话题，深刻体会和表达自己的感受和期待，并通过交流尝试理解对方的内心。具体调整事例见表 5-4。

表 5-4　打岔型沟通调整事例

	打岔者	调整后
事例	我的好朋友经常性地跟我吐槽他不好的事情，而我也经常会谈论一些其他的事情让好朋友开心。比如我的好朋友吐槽作业很难写，不想写，内心很抗拒，而我就会转换话题。	
理论分析	打岔者自我、他人和情景三个因素都没有关注。	接纳并整合自我、他人和情景三个要素，增加对当下情况的关注能力，找到改善的方案。
内心、行为分析	我觉得谈论不好的事情让人很头疼，也会给我自己增加不痛快，转向别的话题，做一些其他的事情就好。于是就想着转移到好的话题上。	首先，进行情景的分析，目前好朋友是难过的、沮丧的，我和好朋友处在一个“低气压”的环境里。其次，思考他人的需求，好朋友此刻想要的是安慰和鼓励，是在因作业问题而求助。再次，关注自我，反思自我，如果我岔开话题，对方会开心吗？最后，不逃避话题，直面话题。

续表

	打岔者	调整后
行为结果	告诉好朋友："好啦，不要说这些不开心的事情了。有一部新的电影上映了，就是咱们之前谈论的，咱们一起去看吧。""咱们可以去逛街，买点儿自己喜欢的东西。"	理解好朋友的吐槽，询问好朋友觉得作业难在哪里，他自己的想法是什么，并就作业难这个事情提出自己的一些意见。
调整的总原则	在日常生活中要增加对"自己""他人"和"情景"的觉察。	

不一致型沟通姿态的辨别

先来思考一种情境：如果有人对你说"我感觉你有一些问题"，那么以下是不同沟通姿态的言语回应方式，你能够判断他们是哪种类型的吗？

A：请你说一说我有什么问题，我可以尽力地改善。

B：你觉得我有问题，一直以来我还觉得你有问题呢！

C：我们可以探讨一下，这个问题是你的主观看法，还是客观存在的呢？

D：问题总是有的嘛！哦，对了，我昨天发现一件特别神奇的事情……

二、保持沟通水平的适切性

心理学家伯恩提出了 PAC 理论，他认为，每个人的自我里都隐藏着三种状态：第一种是家长自我状态（P）、第二种是成人自我状态（A）、第三种是儿童自我状态（C）。每种自我状态都有不同的特点，见表 5-5。

表 5-5　三种自我状态的特点

自我状态	表现	行为	言语
P（Parent）	以权威和优越感为主	凭借主观印象办事，独断专行	语速快，严肃，且带有命令的口气，总说"你必须""你不能"
A（Adult）	客观和理智	待人接物冷静、对自己负责	语速不紧不慢，温和，注意力集中，言语上多是"我个人认为""我的想法是"

续表

自我状态	表现	行为	言语
C(Child)	服从和任人摆布	喜怒无常，遇事情没有主见	语速急促、语气冲动或带有恳求和无助的味道，讲起话来总是说“我要……”“我不管”“我有什么办法”

根据PAC理论，不同的心理状态能够产生不同的沟通类型，大致可以分为以下两种。

一是平行型沟通，刺激与回应平行，沟通适当、抚慰。只要保持平行，话题可以永远继续下去。具体形式有六种：P—P、A—A、C—C、P—C、P—A、A—C。我们可以通过表5-6的甲乙对话来具体了解不同的形式。

表5-6　平行型沟通的六种形式

具体形式	图形	含义	甲	乙
P—P	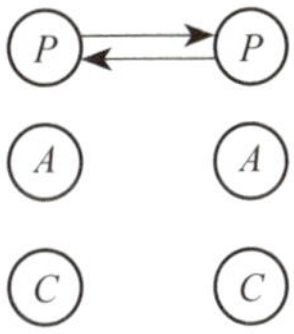	沟通双方的行为都比较武断。	据说那个同学又换女友了，我早就看出来，他就是个花心大萝卜。	我见了他就烦躁，跟其他女生没有边界感，还喜欢跟她们开玩笑，一肚子坏水。
A—A	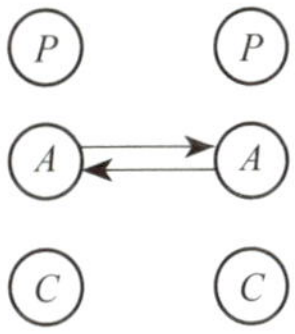	双方的沟通都是理智的，双方都能以理性的态度与对方沟通。	这篇稿子今晚能完成吗？	如果没有其他的事，我想问题不大。
C—C	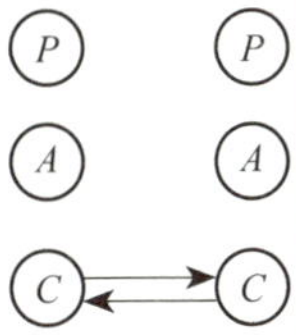	对话双方都感情用事，缺乏互相尊重和逐渐深入的理解。	既然你不理解我那就分手好了。	你还不理解我呢，分手就分手。
P—C	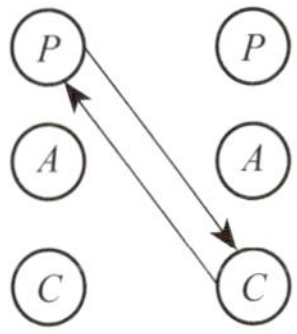	沟通时呈现一方权威、一方服从的关系。	你怎么还没完成期末作业？快开学了，赶紧写作业吧！	我要先玩完游戏再做。

续表

具体形式	图形	含义	甲	乙
P—A	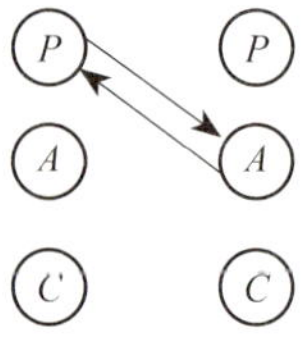	对话中的一方表现为权威,另一方表现为理智性的尊重。	今天是交作业的最后期限,你把作业在晚上八点之前交给我。	好的,我一会儿就交给你。
A—C	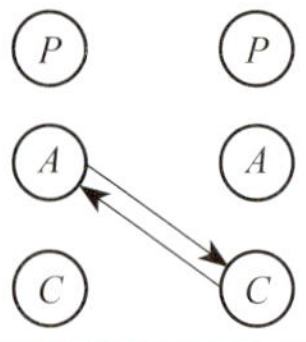	对话中的一方表现为“小孩脾气”,另一方表现出理智性格。	老师给我的这个任务好难啊,我感觉我完不成。	相信自己,你一定可以的。

二是交叉型沟通,在人际交流中,刺激与回应的状态交错,发出刺激者没有得到预期的回应,感到挫折。具体形式有四种:AA — PC、AA — CP、PC — PC、CP — CP,见表 5-7。

表 5-7　交叉型沟通的四种形式

具体形式	图形	含义	甲	乙
AA—PC	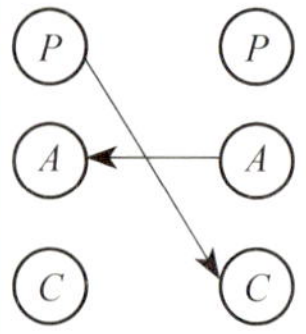	一方要求另一方以理智对待他,但另一方却以高压方式对待。	现在几点了?	不要打扰我,自己去看表!
AA—CP	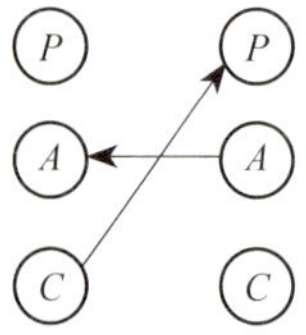	一方讲理智,而另一方却易感情用事。	你目前遇到的困难是什么?	跟你说了你也不懂啊,你也解决不了我的问题,不说了不说了。
PC—PC	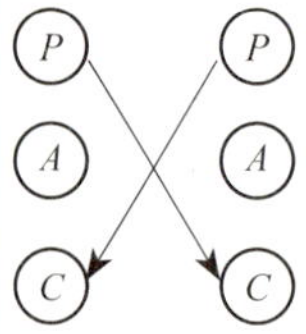	一方采取命令式而另一方不服,也采取同样方式回敬。这种交流方式必然会引起矛盾冲突。	你负责撰写的那一部分内容写得真差劲,连高中生都比你写得好!	你少指手画脚,有本事自己来写!

续表

具体形式	图形	含义	甲	乙
CP—CP	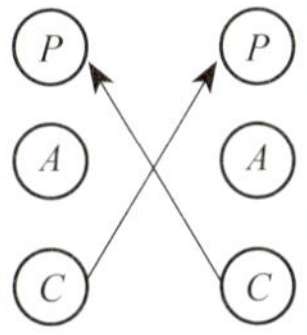	双方都把对方作为权威看待而表现出一种服从的意向。	我讨厌这样，我不喜欢你这个不告而来的行为。	那下次我不来了不行吗！肯定没有下次了！

交叉型沟通是一种不良的交往方式，它使交往无法顺畅地进行，有损交往双方的人际关系。交叉型沟通状态已经形成之后，我们可以采用以下策略来改善交往，使之向平行型沟通的良好趋势发展。

第一，以自身的A状态激发对方的A状态，形成A—A交往。交往中要自觉使自己处于成人自我状态，这样才能使对方也进入成人自我状态，使交叉型沟通转变为平行型沟通。具体案例见表5-8。

表5-8　交叉型沟通转变为平行型沟通（1）

学生	老师
老师，这次评优秀，我有可能吗？（A—A）	你这次根本就不用想评优秀！（P—C）
老师，这次评优秀的标准是什么？（A—A）	这次评优秀的标准是……（A—A）

第二，先采用平行型沟通缓和矛盾，再以自身的A状态激发对方的A状态。具体案例见表5-9。

表5-9　交叉型沟通转变为平行型沟通（2）

女朋友	男朋友
哎！我要你给我买的是草莓味的冰激凌，不是巧克力的，巧克力太腻了，我不要吃！（C—P）	是吗？我好像记错了，大热天吃巧克力的确实比较腻。（P—C）
就是嘛！（C—P）	那我下次买的时候再问你一遍，今天能不能将就吃呢？（A—A）
那好吧！（A—A）	

三、运用有效的倾听技巧

1. 澄清

由于我们讲话时表达的大部分信息出自内部的参照系统，这些信息可能是模糊而易于混淆的。澄清则是要求对于含糊、模棱两可或意义隐藏的语句给予详细叙述，接着对对方的信息再解释。这时往往要用开放性的句子去询问对方，给对方提供补充剩余信息或者隐含信息的机会。这些开放性的语句如：

“关于这个，你还有什么可以告诉我的呢？”

“你觉得，什么是最大的问题呢？”

“那表示有什么更重要的事情呢？”

“如果你是室友，你会有什么感受呢？”

“某某的反应会是如何呢？ ”

比如考试结束后，室友特别沮丧地说：“考试考得不好，我不想告诉妈妈，我更不敢告诉爸爸，甚至这个寒假我都不想回家了，尽管我知道爸爸妈妈一直在盼着我回去。”

澄清回答：“考试考得不好就不想告诉妈妈，也不敢告诉爸爸，你是在担心或者害怕什么吗？你不想回家面对他们，这背后的原因是什么呢？如果你的爸爸妈妈知道你现在的想法和打算，你觉得他们会有什么感受呢？爸爸妈妈都盼着你回去，但是你还是不打算回去，是有什么别的考虑吗？”

2. 释义

倾听的层次

释义是指向对方准确地反馈其所说的话。释义并不是机械地重复，而是用自己的话加上对方所说的话中的关键词来解释。在释义的过程中，要向对方清楚地传达对方认知和情感的部分。一个准确的释义通常由四个维度组成：一是句干，通常要称呼对方的名字；二是注意对方用来描述情况或人的关键词；三是总结对方所说的实质内容，实质内容既包括认知也包括情绪部分；四是准确性的检验。检验是释义结尾的一个简短问题，请求对方对释义是否相对正确或有用做个反馈。一些检验例子包括：“我正确地理解你了吗？”“我说得对吗？”

A 说：“考英语的时候由于最后紧张，答题卡涂错了，英语没有过线，导致第二次考研又失败了，我不敢告诉我的父母，他们知道了一定对我很失望。”

释义回答："小 A，你认为你的父母非常看重这次考研成绩，很希望你能够考上。但是你由于考试紧张涂错了答题卡而没过线，你不敢告诉你父母你的成绩，是因为你对你的父母有愧疚感，是吗？"

3. 情感反应

情感反应包括非指导性情感反应和指导性情感反应。非指导性情感反应着重于对方所表达出来的情感词语。首先要注意聆听对方使用的情感词语，其次是观察传递的非语言信息，最后是用自己的语言把由语言和非语言线索获得的情感再反馈给对方。例子如下：

A 说："我真是快疯了。我不能忍受室友 12 点了还开着灯打游戏，即使让他关灯了，还总是在打游戏时说话，告诉他太晚了别再说话了，而他却还小声说。我真的快气死了。"

回应："你对这种情况真的感到很生气，你快要气疯了。"

指导性情感反映是揭露对方更深层次的情绪。指导性情感反应在有些地方也称作"共情"。高级的准确共情能够触及那些深埋的、隐藏的或对方无法马上触及的情感与意义。例子如下：

A 说："我的一个室友说我上次用他的东西没给他，是我给他弄丢了，听完之后，我真是厌烦到了极点，我真想给他一顿老拳。"

回应："你说你当时烦到极点（非指导性），我还感到你对你室友的做法有一些其他的感受，也许你感到受伤害，因为他不信任你。"

4. 总结

总结与释义相似，但主要是用来阐明及提炼对方在很长时间内所说的话。总结可以用来结束沟通，或向新的话题过渡，或阐明复杂的话题。最重要的是，通过总结可以帮助双方思考、整理沟通中的一些过程。在总结过程中，倾向于对对方进行言语或者非言语评论，之后选择关键的概念和方面，向对方尽可能精确地重述它们，并在末尾进行准确性检验。例子如下：

总结："这次谈话你表明了你拖延的问题，并且拖延使你感到一段时间的焦虑和压力，影响到了你的睡眠。同时，我们也提出了一些好的改善方案，主要的一点就是你需要有人监督自己。是这样的吗？"

四、拒绝的艺术

当代大学生处在社会化的阶段，渴望与他人建立联系，获得一定的身份认同。相当一部分学生认为拒绝容易导致人际关系破裂，跟对方之间会有隔阂，拒绝别人会引起自己的内疚感等。但是，大学生要明白拒绝是自己的权利，一个不懂得拒绝的人，很难得到真正的尊重，因为他的付出是廉价的。

方法一：证实—坚持—强化（VAR）技巧。

社会心理学者拉腊·菲尔丁（Lara Fielding）提出了一种在社交中可应用的“证实—坚持—强化”技巧，分为三个步骤：第一步，证实对方的处境，换位思考，共情对方；第二步，坚持自己的主张，表达清晰明确；第三步，强化自己的主张，着重让对方知道自己为他着想的部分。这种技巧可以帮助我们在拒绝时，尽可能让对话的双方都感到舒适。例子如下：

室友说：“你可以帮我改一下 PPT 吗？老师急用，就几页，但是我不太会改。”

拒绝的回答：“我知道你想让这个 PPT 更加完美（证实），但是我不能帮你修改它（坚持），因为，如果我修改了，可能内容就不符合你原先的设想了，我相信你有属于自己的想法（强化），加油，我相信你肯定可以做得很好。”

方法二：有条件地接受。

当拒绝他人时，我们应该先展示出接受请求的意愿，然后根据实际情况提出自己的条件。例如，当你正在准备午休时，朋友邀请你出去玩，你可以回复：“如果再过 2 个小时才出门，我很乐意加入。”这样既表达了接受的态度，也不会过于牺牲自己。当然，如果对方拒绝你的条件，你也可以毫不犹豫地拒绝。

方法三：用拖延法说“不”。

对于一些不知道如何回应的请求，都可以将其暂时搁置，过一段时间再做出回应，不动声色地向对方表明你的态度。此外，“下次一定”“以后再约”等这样模糊的表达也可以很好地解决掉大部分问题。

方法四：必要时要亮出果断且明确的态度。

我们需要果断拒绝他人无理的请求和纠缠，明确表明态度，不需要过多解释。因为任何借口都可能被对方利用反驳。当你多次强调自己的立场时，对方就会知难而退。

第三节 应对人际冲突的策略

人际冲突总是难以避免，与舍友、同学及其他人产生的人际冲突是大学生人际交往冲突的集中表现。已有研究表明，较为紧张、充满敌意的人际关系，往往使人感到情绪低落，影响心理健康，甚至限制大学期间学习、工作的潜能发挥。因此，正确处理人际冲突，保持健康和谐的人际关系对大学生来说显得尤为重要。

一、正确认识人际冲突

所谓的人际冲突是指人与人在相互交往和互动过程中，因为种种原因产生意见分歧、争论、对抗，使得彼此关系出现不同程度的紧张状态，并为双方所感觉到的一种现象。约瑟夫· A ·德维托(Joseph A.Devito)认为人际冲突是相互关联的个体间的分歧，比如朋友、师生、恋人、家庭成员之间的分歧，他们认为各自的目标不一致。同时，也指出，当人们符合相互依赖、意识到与他人目标不一致、被认为妨碍了对方目标的实现这三个要点的时候，冲突就发生了。相互依赖程度越高，可能导致的问题就越多，并且冲突对个体和关系的影响越大(图 5-3)。

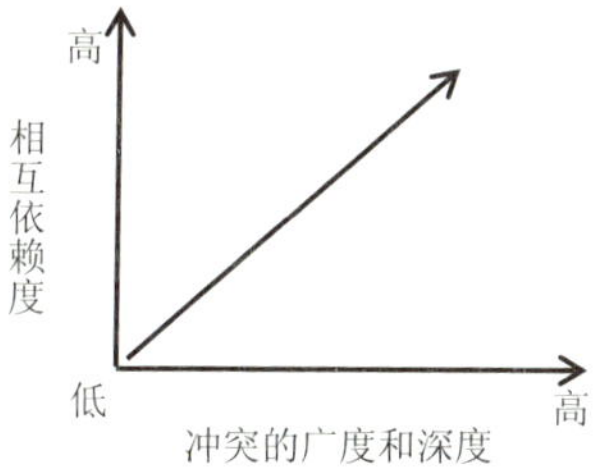

图 5-3 个体依赖程度与冲突的关系

我们需要明白，人际冲突是不可避免的，具有必然性。大学期间，你所接触的同学、老师等形形色色的人，来自不同的地区，有不同的家庭背景、不同的过往、不同的生活习惯、不同的性格等，这必然会导致一定的冲突。“冲突”听上去会带有消极的色彩，但是任何事情都会有两面性，冲突也不例外。

二、了解冲突来源及产生过程

1. 了解不同的人际冲突的来源

人际交往免不了处理人际冲突，了解不同的冲突来源能够帮助我们在冲突发生时，判断冲突的类型，并对症下药，更好地解决冲突。美国心理学家 Daniel Sims 提出导致人际冲突的来源有三个，如图 5-4 所示。

图 5-4　冲突的三种来源

首先是人的独特性。人生而不同，每个人都有自己独特的部分，比如性别差异，以及因为文化习俗、家庭背景、期望值等造成的性格差异等。因独特性导致的冲突非常普遍，而且属于比较浅层次的冲突，甚至有时候都称不上冲突，只要两个人能够尊重对方的独特性，互相理解，就可以解决冲突。

其次是个人的缺点。每个人都不是完美的，都有这样或者那样的缺点，这些需要成长或者改善的地方也会造成人际冲突，比如杂乱、健忘、自卑等。对于缺点造成的冲突，很多人会寄希望于对方能够改变，我们确实需要清楚地告诉对方他需要改进的地方，因为如果不告诉的话，很多人可能意识不到自己存在不当之处，就像对于一个说话大大咧咧、语言有些粗俗的人来说，他觉得这样是没问题的。但很多时候也需要知道一个事实，就是并不是所有的缺点都可以被改正，这个时候我们能做的就是宽容和大度，原谅对方也是在跟自己和解。

最后是道德良心。这是人和人之间最根本性的冲突，会破坏人和人之间的信任，甚至终结一段原本良好的人际关系，如说谎、欺骗、攻击等。这种冲突发生的时候，彼此之间的关系会非常难以修复，能够做的是保持一定距离，坦然面对“有些人注定无法成为真正的朋友”这个事实。

2. 大学生人际冲突产生的一般过程

（1）有限经验形成的主观世界

大学生以自己有限的经验，形成以自己为中心的主观世界规则、信念、语言符号系统、行为习惯等，并对此坚信不疑。比如一个在宿舍讲粗话甚至背后讲人坏话的同学就怀着这样的一种主观经验：我一直就是这个样子，和朋友一起就应该无拘无束地骂来骂去，而且也不是真的骂人，就是开玩笑啊，我一直都是这样，和陌生人才应该注意吧……吐槽一直是乐趣的来源，不然生活太无聊了。

（2）有限经验外展，引起对方不满

在没有明显威胁的情况下，人际冲突中的一方不自觉地把自己的行为、语言、规则、信念等主观世界元素加在周围环境的人和事上。比如某些人会觉得：用他几个晾衣架的事情，还需要提前跟他说吗？反正别人用我的，完全不用跟我说，都是小事情，他干嘛这么大惊小怪呢？这种把自己的经验强加到别人身上的行为会导致冲突的另一方产生各种消极感受。

（3）不加验证地进行主观建构

以自己的感受为中心，基于自己的经验，未经验证地建构起对另一方的理解和评价（往往是消极理解和评价），并有意识或无意识地做出反馈（态度、情绪、表情、行为等），导致双方产生误会。比如用了别人衣架的同学会觉得对方太小气了，用个衣架都这么多事情，另一方也觉得：怎么这么不知道尊重人，不跟我说就到我的衣柜里拿衣架，不知道别人的隐私不能随意侵犯吗？

（4）反复进行主观建构

两个人从最开始的对方“小气”“不尊重人”“事多”等，进一步拓展和延伸，同样也是不加验证的，觉得对方不仅“小气”“不尊重人”“事多”，还“自私”“虚伪”“不好相处”。

（5）不及时地进行有效沟通

造成这种情况的原因很多，包括：双方都觉得对方很过分，自己没有错，没必要主动；觉得沟通也不会有明显的效果，比如这是性格不合，改变不了；认为沟通可能会带来不舒服的体验，比如担心两个人会不会就此撕破脸；没有沟通的习惯，遇事更倾向于放在心里。此外，沟通意愿的不同步（一方想沟通时对方没有及时配合），沟通目的不适合（以指责对方过错，期望对方道歉为沟通目的），沟通方法不对（带着情绪沟通），也是导致沟通失败的原因。

（6）消极互动不断积累

在不断的消极互动、消极反馈的过程中，双方逐渐建立起关于对方的稳定消极印象，更加注意对方发出的信号，并对对方发出的信号（如表情、语言、情绪、行为、态度等）非常敏感，特别容易产生消极感受和解释。表现就是越来越讨厌对方，觉得他说什么都不喜欢听，就是看不顺眼。

（7）冲突爆发

基于已经建构起来的关于对方稳定的消极理解，直接导致双方的关系趋向冷漠、紧张或破裂；或者当一方做出的行为破坏到另一方的舒适感时，另一方理解为对方在针对自己、挑衅自己，自己受到了侵犯，突破了对对方"可恶程度"的认识，觉得自己忍无可忍而产生冲突。

三、学会正确处理冲突

1. 采取有效的沟通策略

通过上面分析冲突产生的过程，会发现没有及时沟通，是冲突发生的一个非常重要的因素，因此有效沟通是解决冲突的关键。本章前面所讲述的沟通的技巧，比如倾听的技巧，也非常适用于冲突解决的沟通过程。除此之外还有以下几个注意事项。

（1）保持情绪稳定

要冷静下来，自我反思，了解什么事情让自己生气，其背后的需求是什么，并管理好自己的情绪问题，避免冷战。沟通绝不是单纯发泄自己的负面情绪，也不是两个人之间的彼此攻击。虽然两个人之间有了冲突，但是尝试往好的方面想，比如对方虽然说话很难听，但其实人不坏，对待室友也挺热心。

（2）树立合理的沟通目标

面对冲突的时候，很多人更倾向于通过沟通让对方接受自己的观点。事实上，当冲突出现的时候，许多人沟通的目的不是去处理问题，而是强迫他人接受自己的观点。这种强迫可以是身体上的，也可以是精神上的。这种目标很可能会引发激烈的言语攻击，根本不利于冲突的解决。而与之相对的做法就是冷静下来，跟对方进行沟通，并具备共情和倾听的能力，告诉对方你的想法和观点，同时也抱着好奇的心态去了解对方的想法。

并不是所有的沟通都可以解决冲突，我们还需要做好"沟而不通"的心理准备。因为冲突的解决取决于两个人的努力，如果一方坚持不理解、不原谅，那冲突就得不到很好的解决。有些冲突如果是道德性的冲突，也就是说这些冲突不是个体差异造成的，而是因为背叛、攻击等道德因素导致的，伤害性极大，那可能双方的关系就不可复原。并不是所有的室友都可以称为好朋友，如果彼此在很多原则性的问题上存在冲突，那可能将彼此的关系定位在普通的室友关系，才是最合适的。

（3）遵循宽容、理解的沟通态度

宽容的基本要求就是原谅对方犯的一些非原则性错误，比如室友不太讲卫生、喜欢乱丢东西。对于因为犯一些小错误导致的冲突，最需要做的是原谅对方，哪怕对方都没有道歉。同时对于自己做错的地方，也要勇于承认错误。要带着敞开、接纳、谦虚的态度进入谈话，不要带着“我已经知道全部事情”的态度进入谈话，即使觉得自己找到了冲突的原因，但也可能是错的，不能直接批评对方。

理解的核心是接受对方与自己、与周围大多数人的不同。能够换位思考，看到对方与自己的差异，站在对方的角度尝试理解并尊重这种差异，比如你喜欢到教室学习，觉得宿舍是休息的地方，不是学习的地方，但室友就觉得在宿舍更有学习效率。这种差异是每个人的生活环境、个人习惯等导致的必然差异。

本章前面所讲的倾听技巧也非常适用于冲突的沟通过程。

（4）选择合适的时间、地点，直接与对方沟通

合适的时间一是指要选择双方都方便的时间，另外尽量不要在双方没有冷静下来的情况下进行沟通。而合适地点要求是安静舒适，方便说话，不要到过分偏僻或其他不安全的地方，因为沟通中万一一方不能保持冷静，那么在某些特定的地点更容易做出一些伤害性行为，比如喧闹的马路旁边、人流稀少的树林或者楼顶。

沟通的时候尽量直接沟通。有些同学发生冲突后，喜欢发个朋友圈含沙射影地指责对方，或者跟两个人都熟识的第三人诉说，这些都不属于直接沟通，而且往往会带来一些负面后果。

传话活动体会间接沟通的后果

事先准备一个简短的小故事，将这个小故事以悄悄话的方式告诉一个同学，然后这个同学用同样的方式再传给下一个同学。如果班级同学较多，可以分组进行。故事传到最后一个同学的时候,由这个同学向全体同学讲述自己听到的故事。结果往往是与最开始的故事差异很大,人物、情节等都会被改变。

然后让同学们讨论:

1. 为什么故事经过多人传递,就发生了那么大的改变?

2. 结合这个游戏说一说为什么直接沟通效果会更好?

(5)多使用第一人称,尽量少用第二人称

用"第一人称"来表达你的感受,从"我"开始,把谈话的负担从对方身上移开。尽量多使用"我"去传达情感。要做的事情是解决问题,如果表达时使用"你""应该"和"可以"等词,这些会导致对方防御性的反应,对方会感到受攻击、指责和批评。

我觉得自己好像不太合群,你们一起活动的时候很少叫我,我不知道是不是我有什么地方做得不好。

你们一起活动的时候很少叫我,你们是不是觉得我不太合群,或者是觉得我有什么地方做得不好?

看看这两个例子,就能感觉到当用第二人称的时候似乎暗含你对对方的责怪,让对方觉得是他们给你造成烦恼,这会激起对方敌对抗拒的情绪。反之,用第一人称,说明你只是向对方描述自己的感受,而不是在怪对方,这样就更容易让人接受。沟通最主要的目的就是告诉对方你的看法和感受,同时也了解对方的看法和感受。

2. 采取合作和折中的方式面对冲突

参与冲突的方式会影响到冲突的解决和冲突各方之间的关系。美国行为科学家肯尼斯·托马斯和拉尔夫·基尔曼共同提出的托马斯-基尔曼冲突管理模型包含了五种应对冲突的方式,即回避型、迎合型、对抗型、合作型和折中型。

我们可以先大致了解一下这五种方式。

第一,回避型,是指在面对冲突的时候采取忽视或退缩的倾向或转移话题,既不关心自己的需求或欲望,也不关心他人的需求或欲望。这可以被看作"我输,你也输"的理念。比如对天天晚上玩游戏打扰自己休息的室友不理不睬,而不说出自己的不满。

第二,迎合型,是指个体为了满足他人的需要而牺牲掉自己的需要。个体即使不同意他人的观点,也会服从他人的命令或迎合他人的观点。迎合的方式代表了一种"我输,你赢"的理念。比如室友时不时地跟自己借钱,有时候还,有时候就没有下文了,但是室友再借,自己还是会同意。

第三，对抗型，是指个体极大地关注自己的需求和欲望，对他人的需求和欲望不太在意。对自己而言，只要自己的需求得到了满足，那么冲突就解决了。于是，个体可能会在指责对方的同时对其进行言语上的攻击。这种方式是一种“我赢，你输”的理念。比如室友的东西特别多，自己的柜子里放不下，就在寝室里到处放，严重侵占了其他人的使用空间。针对这种情况，对抗型的做法就是严厉指责室友不该侵占宿舍的公共空间，并要求室友将东西从公共空间收回。

第四，合作策略，指的是个体不仅在意自己需求，也在意他人的需求，这是一种“双赢”的冲突处理模式，常常被视为一种理想的方式。比如两个室友本来觉得性格差异比较大，一个是性格内向、更多专注学习的人，另外一个则是热情开朗、喜欢社交的人，共同语言似乎不多，但后来两个人经过交流，发现彼此之间的差异并不是不可调和的，而且可以互相影响、互相促进，不一定非要对方改变才能避免冲突。

第五，折中的方式，是指在一定程度上考虑自己的需求，也在一定程度上考虑他人的需求；也可以理解为是双方各退一步或互惠互让，将各方的损失降到最低，使各方都能够有所收获。此种方式可以称为“各方都有赢有输”的理念。比如在一个寝室里，一个同学喜欢早睡早起，另一个同学则喜欢晚睡晚起，最终两个人各退一步，早睡的同学适当延后一点儿上床时间，晚睡的同学则努力提前一点儿入睡。

综上可知，只有合作型和折中型的方式在解决冲突时是比较有效的，其中合作型是最理想的处理方式。而回避型、迎合型和对抗型都不能够真正地解决冲突。当采取合作型的策略时，我们需要付出时间，拿出态度，进行积极沟通，去倾听他人的观点和需求，共同寻找解决冲突的方法，确保双方都能够达到目标。

3. 冲突解决的基本原则

在面对冲突的时候，有很多策略能够供我们选择，当然，至于选择哪一个策略，可能受到很多因素的影响，比如你是期望解决短期目标还是长期目标、当时的情绪状态怎样、自我的个性和沟通方式如何等。了解这些因素可能会帮助你去先评估自己以选择更合适和更有效的策略。研究发现，使用有效的冲突策略可以带来很多的好处。图 5-5 是约瑟夫·A·德维托提出的一些冲突管理策略，根据这些策略可以总结出关于冲突解决的基本原则。

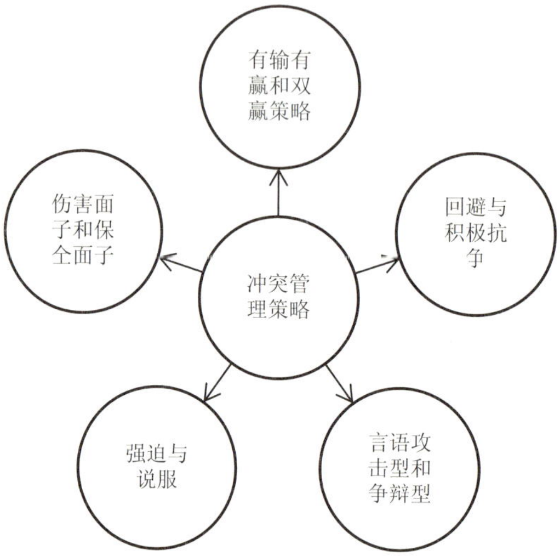

图 5-5　冲突管理策略

（1）不争输赢，尽量双赢

前面我们讲应对冲突的方式的时候，提到了五种类型，除了合作型和折中型的方式外，其他三种都是一输一赢的策略。就我们而言，合作型的策略是我们最佳的应对方式。采取双赢的策略能够帮助我们将冲突理解为“解决问题”而不是“抗争”，树立一个正确的观念；能够保全双方的面子，使双方都能够自我感觉良好；双赢的结果更能使得对方满意和遵守，也能够增加个体之间的亲密关系。因此面对问题，要抱着双赢的策略，进行积极的沟通，了解各自背后的需求，共同寻找可解决冲突的办法。

（2）不要回避，积极抗争

回避冲突一方面可以指行动上的逃离，另一方面可以指心理上的逃离，即对所提出的问题不予理睬。一定程度上，回避冲突可以帮助我们冷静下来，整理自己的思绪，推迟回答问题，以便能够更好地做出回应。但是我们要避免零协商的方式，零协商是指完全拒绝面对问题或倾听对方的想法。零协商是一种极端的方式，不仅冲突得不到解决，而且会使得关系进一步地恶化。因此，积极抗争就是一种可采取的方式。积极抗争是指说出你自己的想法和感受，并对你自己的感受和想法负责。比如，你可以向对方说“我不同意你的观点，我认为……”，而不要用否认你自己责任的话语，比如“好多人都不会不同意……”

（3）不能强迫，说服为主

大家可以想象，当面对冲突的时候，大家的心里存在什么样的感受呢？是否更倾向于让对方接受自己的观点？事实上，当冲突出现的时候，许多人不是去处理问题的，而是强迫他人接受自己的观点。这种强迫可以是身体上的也可以是精神上的。这种策略造成的后果就是引发激烈的言语攻击，根本不利于冲突的解决。而代替这种做法的就是说服。你可以冷静下来，跟对方进行沟通，并具备共情和倾听的能力，分享你的想法和观点，使对方可以接受你的观点。

（4）保全面子，肯定对方

伤面子策略是指攻击对方积极方面的策略，比如攻击对方对关系所做的贡献，或批评对方某项能力；或者攻击对方消极方面的策略，即攻击对方某一方面的弱点，比如财力等。而保全面子策略则是指支持和肯定对方积极方面，鼓励和给予对方提升消极方面的空间。因此，我们在面对冲突的时候，不要冲破对方的底线，不要责备他人，而是将关注点放在问题本身上面，对对方的攻击和伤害不仅不利于冲突解决，还会让彼此的冲突升级，演变成敌对，甚至是仇恨。

附录：大学生人际交往与冲突解决典型案例及应对策略

❀我有很多朋友却还是很孤独，怎么办？

❀道歉的艺术，你了解吗？

❀与室友关系不和，该怎么办？

❀大学期间一定要拥有很多朋友吗?

❀就喜欢一个人自己待着,正常吗?

第六章　亲密情感与爱的能力

故事引入：同班同学分手后还经常见面，不知道该如何面对

小芯，你好！犹豫了很久，我还是决定向你求助。我跟他是同班同学，曾经有过一段十分甜蜜的恋爱，但后面因为性格不合，我们分开了。我们是和平分手，没有争吵。但很无奈的一点是，因为我们是同班同学，每天都要在同一个教室上课，也有很多共同好友，总能得到对方的很多消息，所以我感觉相处起来很尴尬，我也不知道该怎么去面对这种情况。

木木同学，你好！首先特别感谢你的分享！分手之后再和对方共处一室难免会尴尬，这是很正常的，小芯特别能理解这种感受。虽然你们是和平分手，但可能这并不意味着你已经完全放下了这段感情。这个时候的尴尬，与是不是同班同学是没有关系的，它需要时间去慢慢消化，等你彻底放下这段感情的时候，也许就能坦然面对这段关系和曾经的这个人。

小芯，其实听你这么一说，我觉得我并不是放不下他，对于这段感情我想了很多，觉得分开是最好的选择。而且我如果不是在班里遇到他，如果遇到的时候没有其他同学在场，那种尴尬的感觉就几乎没有。

AI 支招：

那看起来你之所以觉得尴尬，是因为周围有同学在场。你是不是觉得这些朝夕

相处的同班同学都在关注你分手这个事情？当你和前男友在班里见面的那一刻，好像自己就站在舞台的中央被很多人围观，你很在意他们会以一种什么样的眼光来看分手这个事情，会不会因此对你产生一些负面的看法，以至于你觉得自己出糗了。但你现在想想，这些“观众”真的存在吗？他们真的如你想象的那样关注你分手这件事情吗？这些观众有没有可能只是你“假想”出来的？

那么为什么你会用假想的观众来制造自己的尴尬呢？因为你很关注这件事情，你觉得分手不是一件很光彩的事情，但自己当自己的观众，这看起来不太合理，所以你就会借他人之眼，展自己之所观，认为周围的同班同学跟你一样关注。验证这个分析有一个很简单的办法，那就是把自己想象成观众。如果你是你的同班同学，你是否会特别关注“我”的一言一行？如果你是两人的共同好友之一，你会不会经常性地以一种别样的眼光去看待“我们”这一对分开的情侣？实际上，每个人的注意力主要都在自己身上，没有多余的精力去关注别人的言行举止，即使有，那也只是偶尔注意到了，不会有过多的想法。

在对尴尬的来源进行剖析之后，就会发现真正需要解决的问题是自己如何看待分手这个事情，如果自己觉得谈恋爱分手很正常，分手并不代表自己有什么地方做得不好，也不是因为自己存在什么不足，不会因此对自己产生怀疑和不满，就算置身于身边熟悉的人群，就算彼此低头不见抬头见，也不会觉得有多么尴尬。

谢谢小芯，我现在明白了，尴尬与别人的围观和评价无关，根源在于自己的介意和否定，与自己和解，就可以大方地行走于任何人群。

第一节 什么是爱情

一、爱情的定义

爱情作为人类基本的情感之一，是我们社会生活中不可或缺的重要组成部分。特别是对于情窦初开的年轻大学生来说，爱情永远是一个新鲜而热辣的话题。进入大学时代，随着生理发育的日益成熟，大学生的性心理也进一步发展，性意识已经充分觉醒，寻求并开始一段浪漫的爱情已经被很多大学生视为大学生活的重要体验。据《2016 中国大学生恋爱白皮书》显示，在调查的 36 741 名学生中，有 80%的在校大学生谈过恋爱。

爱情是一种可以观察的、发生于两个个体之间的关系，这种关系受制于重复了的、模式化了的规范结构，包含了特殊的态度和情感状态。爱情包含以下基本的元素。

1. 相爱的双方

爱情是两个人之间的一种亲密关系，不是一个人的事情。与此对应最典型的现象就是生活中常说的“单恋”。单恋是指人与人之间只有单方面的爱恋思慕，但却得不到对方回应。单恋是真正的爱情吗？答案是否定的，单恋仅仅是一种进入爱情的准备阶段，也很有可能完全停留在这样的状态之中而无法得到必要的发展。

2. 相对成熟的生理、心理条件

爱情更多的是成年人之间的事情，爱情是个体生理发展的性征表现，随着个体生理发展得逐渐成熟，在性的欲望促使下双方产生爱意。同理，爱情也需要成熟的心理，谈恋爱的个体要有交流沟通、处理差异、理解包容、关系维护的心理能力，需要稳定的情绪和成熟的人格。在这一意义上，中学阶段的男生、女生之间也会交往密切，也会发展出比较亲密的情感，但往往算不上爱情，主要的原因就是中学生的身心发展，特别是心理发展还未成熟。

3. 包含认知成分，而非低级情绪

爱情是一种高级情感，虽然它包含性的吸引、后代的繁衍等类似于其他动物情感的内容，但人类的爱情还建立在复杂的思维基础上，相爱的双方在行为习惯、人生目标、价值信念、道德追求等精神层面存在更多共鸣，彼此之间会产生亲近、信任、互相依赖以及忘我无私的情愫。

4. 性的吸引，而非纯粹的精神之爱

爱情是建立在性本能和性欲之上的。没有性的吸引，就谈不上发展成爱情，所以性是爱情的前提。从进化心理学的角度看，很多人从主观上认为性魅力较强的异性，往往具备非常优秀的遗传基因，后代可能会更健康、更漂亮、更聪明。所以女生关注哪个男生帅、男生关注哪个女生长得好看，因为对方的外貌而被对方吸引，这是很正常的，同精神之爱一样会让人觉得快乐美好。当然爱情的目标是从肉体之爱发展到精神之爱，不能仅仅停留在肉体层面。

5. 奉献

爱情是人类生活中最美好和最珍贵的情感经历之一，要想得到真正的感动和回报，我们需要无私奉献和付出，奉献是爱情的神圣之所在。如果两个人谈恋爱，却什么都不肯为对方做，打着“独立”和“自由”的旗号，拒绝关心对方、帮助对方，这根本不是爱情。爱情中的奉献体现在愿意为对方做出时间、精力和金钱等方面的牺牲。当然这种奉献是相互的，因为爱情是平等的，不应该是仅有一方奉献、另一方完全索取。

二、爱情的构成元素

美国著名的心理学家罗伯特·斯滕伯格（Robert Sternberg）提出了爱情三角理论，认为各种不同的爱情都能由三个成分构成（图 6-1）。爱情的第一个成分是亲密，包括热情、理解、沟通、支持和分享等爱情关系中常见的特征。第二个成分是激情，其主要特征为性的唤醒和欲望。激情常以性渴望的形式出现，但任何能使伴侣感到满足的强烈情感需要都可以归于此类。爱情的最后一个成分是承诺，指投身于爱情和努力维护爱情的决心。承诺在本质上主要是认知性的，而亲密是情感性的，激情则是一种动机或者驱力。恋爱关系的“火热”来自激情，温情来自亲密；相形之下，承诺反映的则是完全与情感或性情无关的决策。

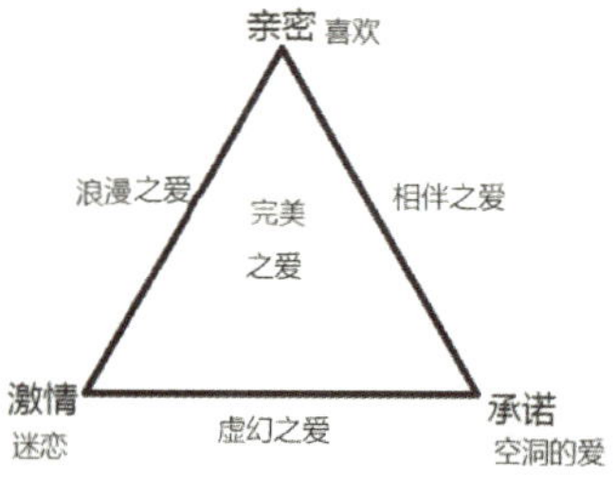

图 6-1　爱情的三角理论

爱情三角理论认为，这三个成分就是爱情三角形的三条边，可以描绘两个人之间的爱情。当两个人相爱之后，随着时间推移及相处方式的改变，三种成分会有所改变，因其中组成元素的增减，三角形的形状与大小也跟着改变。根据三种成分的变化可以有八种不同的爱情关系组合，见表 6-1。

表 6-1 爱情三角理论:爱情关系类型

	亲密	激情	承诺	含义
无爱	低	低	低	亲密、激情和承诺三者都缺失,彼此的关系是随意、肤浅和不受约束的。
喜欢	高	低	低	喜欢多表现在友谊之中,伙伴双方有着真正的亲近和温情,却不会唤起激情或者与对方共度余生的期望。
迷恋	低	高	低	当人们被几乎不认识的人激起欲望就会有这种体验。
空洞的爱	低	低	高	比如传统的一些包办婚姻,两个人在一起既没有温情也没有激情,仅仅在一起过日子。
浪漫之爱	高	高	低	浪漫的爱情有着强烈的亲密感和激情,可以把它视为喜欢和迷恋的结合。
相伴之爱	高	低	高	这种爱情表现出亲近、沟通、分享以及对爱情关系的巨大投入。其并不依赖于激情,所以它比浪漫之爱更为稳定。
虚幻之爱	低	高	高	这种爱情会发生在旋风般的求爱中,在压倒一切的激情基础上双方会闪电般地快速结婚,但彼此并不十分了解或喜欢对方。
完美之爱	高	高	高	这是许多人都追求的爱情类型,但斯腾伯格认为完美之爱非常类似于减肥:短时间里容易做到,但很难长久坚持。

当然,我们需要注意,在跟伴侣恋爱的时候,你会在不同的时期体验到各种不同类型的爱情,而不仅仅是固定的某个恋爱类型。我们这里强调,亲密、激情和承诺这三个成分在爱情关系中都很重要。具体来说,每个成分都可以使爱情关系令人满意,在最有奖赏价值的爱情关系中,这三个成分都发挥着重要的作用。

三、爱情的特征

1. 排他性

所谓排他,是指在爱情关系中,双方都对对方表示足够的忠诚,并在道德方面进行自我约束。热恋中的男女不希望其他人介入他们的亲密关系。正如恩格斯在《家庭、私有制和国家的起源》中指出的:"性爱按其本质性来说就是排他的。"恋爱的双方组成一个具有特殊共享物和亲密感的系统,本能地抗拒他人亲近自己的恋爱对象。这种特点对爱情的稳定长久是很有必要的,但是如果排他性发展到极点就会引起恋人之间的怀疑,造成严重的心理负担。

2. 冲动性

热恋中的人认识活动范围往往会缩小,理智分析能力会受到限制,习惯性行为会受到破坏,此时发生的许多事情与平时可以完全不同。在热恋中,由于控制自己的能力减弱,往往不能够约束自己的行为,不能够正确地评价自己行动的意义和后果。日常生活中我们常听到的某人因为感情问题跳楼的现象就可以很好地反映此特点。

3. 波动性

处在爱情中的人,情绪变化是比较大的,热可达到白热化,冷则骤降至冰点。高兴的时候会手舞足蹈,对对方关心备至;懊恼的时候甚至会反目成仇。而且情绪变化是随时随地发生的。这种情绪的大起大落会对身心健康带来不良的影响。

4. 互爱性

恩格斯在论述爱情的第一特征时指出,爱情是以爱者的互爱为前提的,双方互相爱慕,自主自愿,它是双方内心感情的汇合,是双方心灵弹奏出来的和谐旋律。在爱情当中,双方应该是互爱的,个体既是爱者又是被爱者。爱情应以双方互爱为前提,双方应该尊重彼此自愿选择的权利,双方都有爱和被爱的权利,都有对爱做出选择的权利。

5. 平等性

爱情是人的生理要求和心理要求的高度统一。恋爱的平等性体现在双方的相互尊重上,表现在尊重对方的人格上。爱情需要双方的付出才能获得,双方应该互相尊重对方的人格,双方在人格上是平等的,没有高低之分。而且相爱的双方是自愿、绝不勉强的,即无怨无悔地爱你所爱的人。

四、学会区分爱情与其他情感

1. 爱情与喜欢的区别

爱情与喜欢是两种不同的情感状态。喜欢是爱情的基础,但爱情不同于喜欢。20 世纪 70 年代,鲁宾(Z.Rubin)探讨了爱情与喜欢的关系,我们可以进行一定的整合,认为爱情与喜欢有以下不同:

一是爱情的双方在感到孤独时,会寻找对方来陪伴和宽慰,具有较高的依恋性,但是对于喜欢的对象,则不会有这么强的依恋;

二是恋爱中的人会高度关怀对方的情感,努力让对方快乐,表现出高度宽容,且愿意把自己的一切都袒露给对方;

三是爱情有较多的幻想成分，而喜欢则是对他人现实的评价；

四是爱情所涉及的情绪比较狂热、激烈，喜欢相对来说要宁静平淡得多；

五是爱情涉及情欲，而喜欢并不涉及此方面的需要；

六是爱情具有独占性与排他性，而喜欢不具有这些性质。

简单来说，喜欢是一种利己的情感，来源于欲望和审美，而爱是一种利他的情感，来源于理解和尊重。喜欢是心动，爱是心安。喜欢是想要，爱是想给。喜欢是期待，爱是接纳。

当然，这并不意味着喜欢就不重要或不真诚，而是说喜欢是爱情的基础和前提，但还不足以构成完整和成熟的爱情。从喜欢到爱需要有一个健康发展的过程，需要在相处中逐渐了解、信任、包容和支持对方。只有当理性能够超越本能时，才能说是真正的爱。

2. 爱情与友情的区别

互动小程序：你能否分辨喜欢和爱情？

第一，爱情和友谊的对象数量不同。爱情具有排他性，只涉及男女双方，不允许第三方的存在。在爱情中，两个人可能会出现不同程度的排斥和抗拒其他同性对自己爱慕对象亲近的心理倾向，表现为忌妒、诋毁、伤害等行为。而在友谊中，不存在这种问题，任何一方都不会因为对方与其他同性或异性有交流或交往而感到烦恼。友谊的圈子是开放的，每个成员都处于平等且互不约束的地位，可以自由加入或退出。

第二，情感体验也存在差异。爱情是一种激烈、深刻、冲动的强烈情感体验，表现为“刻骨铭心”。即使关系再亲密的朋友，情感力度和强度也很难达到爱情的程度。即使是几天不见，也不会出现难以自制的感觉。大学生可以通过情感冲动的不同程度和表现形式来辨别所遇到的是爱情还是友谊。

第三，爱情具有直觉性。所谓“直觉性”，即人们常说的“一见钟情”。当两个人相遇时，往往会在双方内心产生无法理解的直觉。正是这种直觉，让彼此清楚地意识到是否可能产生爱情。友谊通常是基于双方的兴趣爱好和性格特点，在志趣相投、互惠互利的原则下，产生一种情感共鸣。友谊通常不具备直觉性。

第四，外在表现形式不同。爱情是一种隐蔽、私密的情感。恋爱的双方需要独处的空间和时间，不愿意将自己的感情展现给大众。即使在集体活动中，他们也可以通过特殊的交流方式来表达彼此的情感，其他人也能从他们的独特互动中感知到他们特殊的关系。而友谊则是一种公开、毫无保留的表现形式。无论在任何场合和活动中，都可以充分展示，不受拘束，也不会害怕被他人观察。

五、当代大学生恋爱的新问题

1.“佛系”恋爱的观念开始流行

随着社会的变迁和发展以及“佛系”文化的流行和冲击，大学生的恋爱好像进入“淡季”。许多大学生出于各种原因，对于谈恋爱没有太大的兴趣，甚至出现“终身不恋不婚”的想法。“佛系”恋爱的表现包括：对恋爱失去信心，对异性失去信心，觉得谈不谈恋爱都无所谓；表面上轻松淡然，觉得自己一个人挺好，觉得谈恋爱太麻烦，通过自我嘲讽或者安慰来树立一个假装无所谓的形象和姿态来获得心理慰藉。

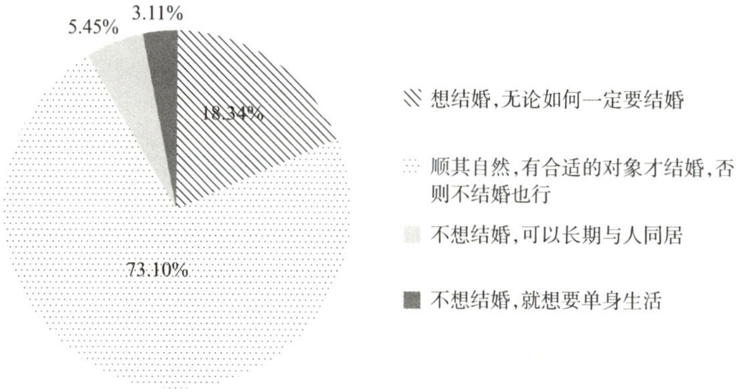

图 6-2　大学生对待婚姻的态度

（摘自《2019—2020 年全国大学生性与生殖健康调查报告》）

2. 恋爱的随意性增强

当今大学生恋爱的现象更加普遍，但随意性也更强，具体表现在：很多学生恋爱的动机比较盲目，往往在自己的心里、能力等各方面尚未做好充分准备的情况下，不经慎重考虑，“遇上了就爱”，“闪电式”地进入恋爱状态，很多都是为了弥补内心的空虚和孤独，并且有明显的从众心理；对于恋爱关系的问题也较随意，不太看重爱情中要承担的责任与义务。

3. 心智不够成熟

最突出的表现就是恋爱中经常出现“妈宝男”和“公主病”。当今的大学生多是独生子女，父母对孩子容易溺爱，把他们保护得“密不透风”，恨不能整个人生都替他们安排妥当。对男孩来说，这种过分溺爱会降低他们选择和决策的能力，并且滋生依赖心理，做事不够独立，难以摆脱父母特别是母亲对他们生活的深重影响，成为什么都要靠母亲拿主意的“妈宝男”。对女孩来说，父母的骄纵和溺爱会让她们只知道向男友索取关爱，过分依赖男友，或者骄横任性，表现出盛气凌人、高高在上的架势。无论是“妈宝男”还是“公主病”都是一种心智不成熟的表现，这种心理机制使他们在实现向恋人角色过渡的过程中出现障碍，从而引发很多的情感问题，也不利于形成正确的恋爱观。

4. 性观念更加开放

中国计划生育协会、中国青年网络、清华大学公共健康研究中心于 2020 年联合发起并实施的全国大学生性与生殖健康调查显示，超过半数的大学生可以接受婚前性行为（男生 75.14%，女生 55.03%），对开房或同居持接受态度（男生 83.85%，女生 60.97%），首次性行为的平均年龄在 18—19 周岁，到大学本科毕业时，有超过一半的同学（52.85%）已经发生过性行为，如图 6-3 所示。这些数据说明大学生目前的性态度比较开放，与老一辈人性观念差异较大。

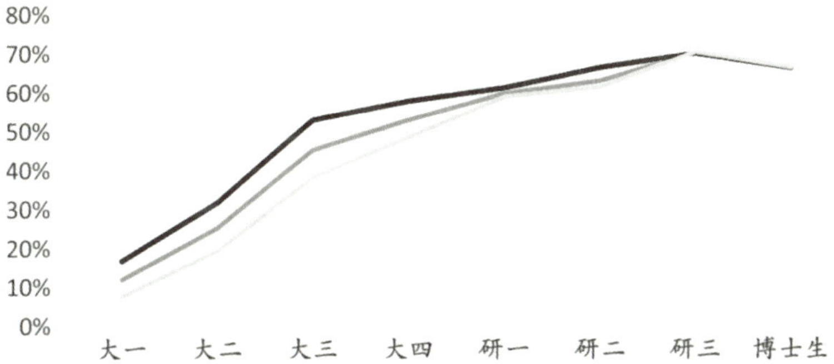

	大一	大二	大三	大四	研一	研二	研三	博士生
全体	11.99%	25.18%	45.15%	52.85%	59.63%	62.99%	70.21%	66.27%
男生	16.83%	31.71%	52.93%	57.77%	61.08%	66.27%	70.00%	66.15%
女生	7.63%	19.28%	38.12%	48.39%	58.85%	61.27%	70.35%	66.40%

图 6-3　大学生不同年级可接受性行为的比例

（摘自《2019—2020 年全国大学生性与生殖健康调查报告》）

第二节　如何提升爱的能力

一、树立合理的爱情观

大部分大学生的爱情观是积极的，然而，仍有一部分的大学生存在不良的恋爱心态与困扰，恋爱观存在一定的误区。当代大学生要树立恰当的爱情观，进而更好地享受大学生活，不断地完成社会化。

1. 审视和端正恋爱动机

有研究数据显示，当代大学生在恋爱动机上，79.33%的大学生认为恋爱是被对方的优点所吸引，53.07%赞同恋爱是为了寻找人生伴侣；但是也存在25.7%、22.35%和7.26%的大学生分别认为恋爱包含增加恋爱经验、满足生理需求和满足虚荣心的动机。有学者从恋爱动机方面来论述大学生爱情观存在的问题："一是恋爱动机多元化，恋爱随意性较大，只有11.7%的学生认为是'为了以后组织家庭'。"还有学者指出当代大学生的从众心理严重，实用目的明显。因此，我们要摆脱因从众、虚荣心、抱着增加恋爱机会等不正确的动机来恋爱。在开始恋爱之前，我们需要审视自己的恋爱动机，判断自己是否因喜欢对方而跟对方恋爱、是否带有错误的恋爱动机，避免盲目性。

2. 协调爱情与学业的关系

裴多菲曾说过"生命诚可贵，爱情价更高；若为自由故，二者皆可抛"，由此可见，爱情只是人生中的一部分内容而不是全部，处在大学阶段的学生应该要明白，今天的学习与未来的事业息息相关，要明确坚持学业第一的观点。大学生要克服普遍存在的"主观学业第一，客观爱情至上"的现象，要明白真正的爱情应成为激发学习热情、促进学习进步的动力。多把时间和精力投放在学习上，使爱情与学业协调发展，一旦二者出现问题，应理智地使爱情服务于学业。

3. 注重精神世界，摆正恋爱态度

目前，有些大学生恋爱出现轻率化的现象，不太注重恋爱的结果，而注重恋爱的感觉和过程，具有"不求天长地久，只求曾经拥有"的观念。这种爱情观其实是心理不成熟以及价值观和世界观不完善所导致的。因此，大学生要注重精神世界的爱，体

会爱情给自己带来的精神上的推动作用和精神慰藉。另外，在恋爱中，要懂得爱情是理解、尊重、责任和奉献。

4. 识别爱情中的非理性信念

大学生要识别爱情中的非理性信念，树立正确的观念，进而才能够帮助自己顺利地处理恋爱中所发生的各种情况。爱情中的非理性信念，见表 6-3。

表 6-3　爱情中的非理性信念

爱情是永恒的	爱情不在乎天长地久，而在乎曾经拥有
爱不需要理由	爱情靠努力可以争取到，只要付出必有回报
爱情是至高无上的	没有爱情的大学生活是失败的
我的恋人属于我	爱的给予就是"付出"，满足对方的一切要求
爱情享受和需要的是过程而不是结果	吵架是具有破坏力的，争吵意味着我的伴侣还不够爱我
因为相爱而发生的性关系是无可非议的	好的关系顺其自然，不必做些什么来维持关系
爱情能够改变对方	失恋是人生重大的失败
"心有灵犀"很重要——彼此真正相爱的人应该能够直觉地知道对方的需要和偏好，而不需要被告知。如果我不得不告诉对方我的需要，那么说明他/她对我的爱是不够的	男女是不同的——男女两性的性格和需要非常不同，很难真正了解对方

二、学会使用爱的语言

美国著名的婚姻辅导专家盖瑞·查普曼博士在她的著作《爱的五种语言》中，指出了爱的五种语言，即肯定的言辞、精心的时刻、接受礼物、服务行动、身体接触，这五种语言可以促进双方进行更好的沟通、相处以及爱的表达。

1. 学习和表达爱的言辞

在爱情当中，我们要学会爱的言辞，并进行表达，因为肯定的言辞总能给人带来积极向上、阳光温暖的情绪体验，进一步增强双方爱的力量。研究表明，无论是自我评价高的人还是自我评价较低的人，伴侣的积极评价都可以使双方的关系投入程度更高，而且消极自我评价的人投入程度比积极自我评价的人更高，如图 6-4 所示。

肯定的言辞不仅包括真诚地肯定和欣赏你的伴侣，而且还包括鼓励的话语、仁慈的话语、谦逊的话语。一是当你的伴侣做成功某件事情的时候，你可以使用肯定的语

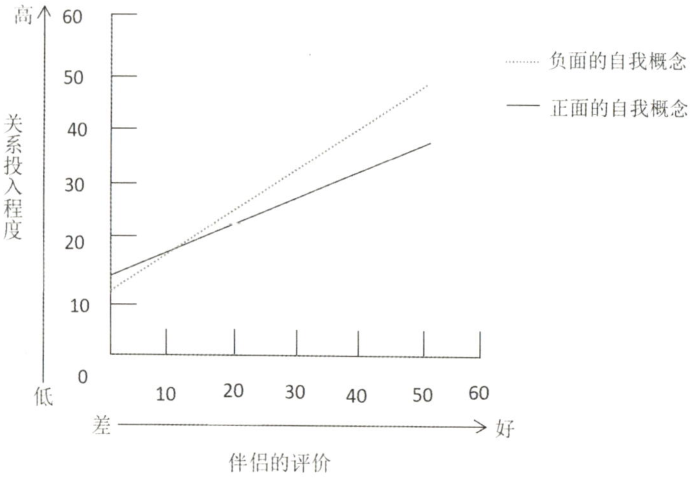

图 6-4 亲密关系投入对伴侣评价高低的影响

（摘自《亲密关系》）

言，比如“你做得很棒”“你真厉害”等。二是当你鼓励对方去做某一件事情的时候，你可以说“我相信你”等，这些鼓励的语言可以帮助你的伴侣获得勇气和动力。三是要注重说话时的语气、语调和方式，比如“对不起我错了”比“都是我的错行了吧”听起来更诚恳、更充满爱意。四是要说谦逊的话，谦逊的话强调的是请求而不是要求，关系中的双方是平等的，而不是谁依附于谁或是服从于谁。当我们想要对方做某件事情的时候，需要表达请求的语言，而不是命令。比如“我想要吃一个冰激凌，但是我现在有点儿累想休息，你可以帮我去买吗？”而不是“你去给我买个冰激凌。”

2. 注重和领会精心时刻

精心时刻首先强调一种注意力的指向，即把注意力全部放在对方身上，能够和对方分享的这种高质量的时间。比如尽管你和你的伴侣在一起，但各玩各的，又或是即使合作完成同一件事情，但是思绪并不在对方身上，那么双方就没有共享“精心时刻”。与此同时，精心的会话关键在于合理的倾听和共情，当对方在表达的时候，要积极地倾听和共情，并及时地澄清对方表达背后的需求和反馈。比如，一个人向她的伴侣抱怨她的小组成员很不负责任，交代的任务总是拖拉，而且质量也不是很高，但是伴侣说：“你可以跟他沟通，告诉他你的想法。”这就不算是精心的会话。因为她的伴侣并没有带着同理心倾听，没有理解她背后的需求是疏解情绪而不是听取解决方案。另外，精心的时刻也包括做精心的活动，双方要适当地一起活动，比如双方一起看感兴趣的电影、去双方都想去的地方旅游等，这可以增进双方的情感。

3. 接受礼物

周杰伦的歌曲《告白气球》中有句歌词是“礼物不需挑最贵，只要香榭的落叶”，可见，送礼物也能够向对方表达爱。当然，礼物并不是说越贵越有诚意，而是需要注意送的礼物是否站在了对方的角度，买的礼物对方是否可以接受。比如，你送的礼物对方并不喜欢，就会使对方觉得你根本都没把对方放在心上。因此，当送礼物的时候，可以提前直接询问，或是根据日常的观察确定对方的喜好。

4. 做出服务的行动

在爱情中的服务是指花时间、精力，努力为对方做事情，并且要以一种积极的态度和精神去做。比如你积极地为对方买早餐、在对方累的时候给对方按摩等。服务是以满足对方的真实情感需要为最终目标而行动的。如果你是由于不得已而为对方做事情，那这就不是爱的服务行动。因此，学会进行服务的行动，能够使对方开心，也能够使双方的感情更加牢固。

5. 进行身体的接触

根据美国心理学家哈利·哈洛的恒河猴实验，我们明白触摸对小猴子的发育发展和社会化起着至关重要的作用。因此，进行身体接触也是伴侣之间非常重要的一种爱的语言。身体的接触包括但不限于牵手、接吻、拥抱和性行为，还包括学习对方的身体语言，用适当的、对方喜欢的方式去触碰，满足其情绪需要，表达深情。

以上五种爱的语言可以增进双方的情感，当我们身处恋爱关系时，为了更好地经营和维持爱情，就需要学习和掌握爱的语言，并尝试着积极地表达。当然，如果你能够进一步知道对方想要的或者渴望得到的爱的语言类型，并及时地给予，也就是“对症下药”，那么这就能发挥更好的效果。

三、了解爱情中的性别差异

由于生理特征、认知方式等诸方面的差异，爱情中的男女存在一定的心理差异，了解这些差异，有助于大学生建立更加稳固的爱情。

1. 恋爱中的女性的特殊心理

女性较男性的情感更丰富细腻，心理活动更复杂、多变，尤其是处在恋爱中的女性，其心理更是让人“捉摸不透”。恋爱中的女性存在以下几种特殊心理。

（1）假心假意的“转移”

女性在恋爱时，常常希望自己的男朋友说“亲爱的”“没有你和我在一起，我很寂寞”“我永远离不开你”等甜言蜜语，然而男性很少了解这一点。正因如此，女性会有意识地在男朋友面前与其他男性友好、亲热，企图激起男友的醋意，以考验男友的真诚程度。但现实中往往适得其反，因为大多数男性对于女性的这种“移情”会信以为真，而主动退出恋爱，从而导致双方结束本应美好的恋情。

（2）莫名其妙的嫉妒

女性对周围的人或事甚为敏感，尤其在恋爱中，她会不断地将自己和他人进行比较，脑海里总担心自己的价值得不到对方的承认，因此便产生嫉妒，有时会使自己无法得以解脱。嫉妒心理是有害的，它不仅有损他人，也影响自己的身心健康。

（3）真真假假的否定

女性在恋爱过程中表达自己欲望的方法一般比较含蓄、委婉，有时还会是反向表达。她说“不”的时候，内心往往是“好而愿意”。如男女朋友去看电影，男友要去买票，女友说不用，男友就不去了，等女友去买，那么，这场电影很可能是看不成。

（4）扑朔迷离的“施虐”

恋爱中的女性可能具有一种“施虐”的意识，如与恋人约会时，会故意姗姗来迟，或有意不赴约，让久等的恋人焦急、烦躁、疑惑、担心，甚至痛苦、备受煎熬，以得到快乐。恋爱中，这种轻微的、偶尔的“施虐”是不可缺少的“作料”，但经常、过分的“施虐”却是一种变态的心理，是万万不可取的。女性的这一奇特心理，实际上是一种自我保护的计策，当然，有时也是女性真正内心的表达。男性在恋爱中掌握女性的这种异常心理，仔细斟酌，真正领悟，有助于恋爱成功。

2. 恋爱中的男性的特殊心理

（1）计分方式与女性不同

男人认为，大事的分数要高些，小事的分数要低些。比如，给女友买部最新款的手机可能是 30 分，帮女友买一次早点只有 5 分。基于这种思考，他会将他的精力集中在为女友做大事上，他相信这样他能最好地满足女友。而女人的计分方法是不同的，纪念日男友送一枝玫瑰花和送一部手机的分数可能是相同的。这种情况导致男人觉得自己已经做得足够多了，但在女人的眼里他做得还远远不够，于是“女人抱怨、男人委屈”的模式就出现了。

（2）语言能力低于女性

男性的语言能力整体不如女性，包括语言表达能力和语言理解能力均低于女性，而且对语言的执行力也相对较差。所以很多女性会发现跟男友长篇大论地讲了很多道理、表达了很多自己的需求和期待，结果男友却什么改变都没有，原因是男性无法加工如此长篇大论的语言材料，也就无法全面获取执行语言材料中所包含的行动指令。另外男性的语言表达往往更加理智，缺乏情感色彩，不够生动，所以很多男性没有办法说出女友喜欢听的甜言蜜语。

（3）情感需求与女性不同

男性希望从女友那里得到的是对自己的信任、接纳、欣赏、认可、鼓励，需要感到能力被肯定而不是女友“不请自来”的各种建议和忠告。男性不像女性那样期待对方的悉心照顾，许多男性情绪低落时，更需要的是独自安静，而不希望女友勉强他细说因由。当女友抱怨、委屈和发牢骚的时候，他们会觉得这种宣泄代表女友在向他寻求解决问题的方法，进而滔滔不绝地告诉对方该怎么办，反而忽略了女友希望被安慰、被陪伴的内心需要。

（4）更看重自我的空间

爱情就像是化学剂，它会让两个原本陌生的人产生相互依赖的亲密关系。有些女性天生缺乏安全感，当她对心仪的对象产生依赖感时，便恨不得时时刻刻待在一起。男性则相反，对于男性而言，爱情只是生活的一部分，男性在拥有爱情时，通常希望女性能给予他自由的空间。

两性对比猜猜看

步骤一：

请每4—6个同性别的同学组成若干个小组（即男女生分开），将小组同学的意见和说法综合起来，完成下面的填空。

1. 我希望能够给予我的恋人：

（1）________________

(2)____________________

(3)____________________

(4)____________________

(5)____________________

2. 我希望能从恋人那里获得：

(1)____________________

(2)____________________

(3)____________________

(4)____________________

(5)____________________

步骤二：

待各个小组全部写完之后，各组同学一起猜想其他组同学的答案（男生小组猜想女生小组所写的内容，女生小组猜想男生小组所写的内容），并在笔记本上按照上面的格式记录下来。

步骤三：

由老师安排男女生小组在全班范围内轮流报告本小组的答案，大家看看自己猜想的另一半和他（她）们实际"答案"的吻合程度。

从上面的小活动中，大家会不会有出乎意料的发现：原来男生和女生在恋爱时的想法竟然有这么大的差别！

四、能够保持爱情中的人格独立

颜值在爱情中的红利和代价

日常生活中，我们会发现一些人在恋爱中表现出或者变成了"痴迷型人格"，即在恋爱中投入了大量的感情，希望得到对方激情的回应，渴望对方把心思都花在自己身上，有时还担心伴侣不会像自己看中他（她）一样看重自己，时常怀疑伴侣不爱自己。这种人格其实就是没有独立的表现。所谓的人格独立是指能够把自己看成一个独立的个体，主动选择自己的生活方式，并有能力去承担后果，为自己的人生负责。在爱情当中，要保持清醒，不要过度地依恋对方，相信每个人都是一个独立的个体，尊重自己和他人的思想和感受，懂得爱情当中的分寸感。那么，正处在社会化阶段的大学生如何保持爱情中的独立人格，不在爱情当中迷失自己，拥有一个健康的爱情关系呢？可以从以下两个方面着手。

1. 开始关注自己的感受

一个自我意识较弱的人,经常不知道如何将自己的感受与伴侣的感受区分开来,于是个人的情绪很容易受到他人情绪的影响。如果你的交往对象因为学习压力大而产生焦虑和沮丧,而你也因为对方而表现出负面情绪,那么,你就要学会关注自己的感受。首先,当你和对方一起出现情绪问题的时候,你应该对你感受到的情绪提出质疑,问问你自己:这是对方的感受还是我自己的感受?然后尝试把对方的感受剥离开,再明确自己的感受。比如上述问题,对方的感受是沮丧和焦虑,而你的感受应该是对伴侣出现情绪的担忧和心疼,你内心并不应焦虑和沮丧。因此,通过不断地探索自己的感受,就能够慢慢地减少对方对你的情绪影响。

2. 明确各自的边界

当在跟另一半相处的时候,尊重彼此的边界感是很重要的。在一起的两个人是来自不同背景和成长环境的独立个体,各自对事物的认知、看法和态度有时并不完全一致。因此,双方要明白各自的边界,做哪些事情是自己或者对方不舒服的。比如,你不喜欢对方过度地限制你的自由,不喜欢对方把他(她)的观点强加给你等,随后,双方可以把自己不能够容忍的事情告诉对方。在日常生活中,以宽容的态度相互谅解和督促对方,注意边界,能使爱情更为稳固。

五、正确看待爱情中的性行为

有学者通过检索文献并经专业分析发现,中国大陆地区大学生性行为发生率为15.1 %;亚组分析结果显示,男大学生性行为发生率为21.1 %,高于女大学生的10.6 %;大一、大二、大三和大四年级大学生性行为发生率分别为9.5 %、12.8 %、18.2 %和23.9 %,年级越高的大学生性行为发生率越高。由此可见,当前大学生性行为发生率是比较高的。并且,当前大学生未婚先孕、堕胎、感染性传播疾病等现象近几年来呈上升趋势。

大学生有一些常见的性心理与行为:一是性冲动,即伴随着性成熟而出现的一种正常心理反应,它是在性激素作用和外界刺激下产生的,并不是不纯洁、不道德或可耻的;二是性幻想,当个体对异性有较为强烈的交往渴望,但不能够直接获得时,就可能产生相关的心理体验,比如幻想与渴望交往的异性约会、接吻、拥抱,甚至性交等;三是性自慰,又称"手淫",是指用手或其他器具、其他方式刺激性器官而获得快感,疏泄性冲动的一种方式。这些心理和行为,是一种正常的现象,然而不少大学生却难以接受自己的性欲、性冲动，认为性幻想心理是肮脏、不道德和罪恶的，难以接受手淫行为，而造成大学生出现羞愧、苦恼、厌恶、紧张、内疚、自责和恐惧等心理，进而影响了自己的身心健康。因此，正确了解性心理和性行为是很有必要的。

1. 树立正确的性观念

首先，性是美好的事物。只有爱情而没有性，或者只有性而没有爱情，都是不正常的心理和行为，之所以会有同学单纯地把性理解成邪恶、肮脏的东西，可能是因为把爱情和性分开来看待了，进而造成了生理和心理上的不适应。美好的性一定是在爱的基础上产生的，这种肉体的上交融甚至可以让心灵彼此进一步地契合。

其次，爱不需要性来证明。对于自己喜欢的人，产生性的欲望和冲动，这是很正常的。但是当一个人爱你，即使你们没有发生关系，对方也一定可以感受到，没必要通过身体的接触去证明。同样，一个爱你的人，尽管有性的冲动，但也会懂得尊重你的感受。好的感情，不需要用性关系去维护，所以主要考虑的应该是自己的感受和决定。

最后，要学会等待。很多大学生在发生性行为的时候，并没有经过慎重的考虑和充分的准备，或是因为好奇，或是因为对方的要求，甚至还在为很多的不确定性而犹豫、恐惧。但其实性关系的发生是需要很多条件的，比如自己足够信任的恋人、足够稳定的感情和足够清晰的未来规划，以及做好足够准备的自己。

2. 合理控制性冲动

在合乎社会规范的前提下，大学生可以运用多种方式取代或转移性冲动，包括：适当减少连续的甜言蜜语和过多的亲密动作，如抚摸、亲吻；两个人在一起的时候避免接触色情电影、书刊等，避免性信息刺激；女孩子避免着装过于暴露，避免在过分偏僻或过分私密的地方（如宾馆）约会，让对方误解为性的信号；更多地投入学习当中、参加丰富的校园活动、跟朋友去旅游等。

3. 适当进行宣泄

适度的手淫是无害的，它是人类正常的生理行为，对没有性伴侣的大学生来说，它更是缓解性压抑、消除性紧张的有效方式。然而，过度手淫必定造成时间和精力的耗费，自然会分散对学习和社交活动的注意力。对于大学生而言，剧烈的体育运动是最好的调适方式，特别是当身体明显感觉到有些紧张不适时。

4. 学会自我保护

性行为是成年人正常的生理需求，和谐健康的性生活有利于身心健康，但发生性行为的时候也是有很多风险的。安全的性行为，指的是没有体液接触的行为，没有意外怀孕、生殖道感染以及性病、艾滋病等性传播疾病的风险。安全的性行为既能保证双方得到心理的愉悦体验，同时也可以保证双方的身体健康。

这个“糖果”你敢吃吗？

活动准备：教师提前买好一袋有独立外包装的糖果，类似于图 6-5 中的奶糖。

图 6-5　糖果

活动过程：

（1）从袋子里拿出几块糖，问学生愿不愿意品尝，品尝之后问甜不甜。

（2）再选一名志愿者，从袋子里拿出一颗糖果，打开包装放在嘴里舔一下。

（3）接着将舔过的糖果重新包装好，放进装糖果的袋子里。

（4）教师拿着这袋被“舔过”的糖果，询问还有没有同学要尝尝。

（5）开展讨论：刚刚的活动给你的感受是什么？通过这个活动，你对安全的性行为有哪些新的看法？

第三节 结束爱情的智慧

一、如何正确地与对方分手

1. 提前识破分手预兆

在爱情这条路上，分手是无法避免的一种可能性。而对于大学生来说，分手更是常见的话题。因此，提前识别分手的预兆变得至关重要。

首先，如果你的恋人开始越来越疏远你，可能是一个分手的预兆。对方可能减少跟你通话的频率，不再主动寻求和你的交流，甚至对你的感情变得冷漠。

其次，如果你和恋人的兴趣爱好开始出现迥异、难以共同追求，也可能是一个分手预兆。

最后，对方的生活计划中没有了你的存在。当对方开始制订很多新计划——学习上的、生活上的、事业上的各种各样的计划，唯一的共同之处是这些计划里，都没有你的存在。此时应意识到，这是分手的信号。

面对上述预兆，我们要跟对方进行沟通，探究其中的缘由，为分手做个提前的心理准备，防止提出分手的时候过于伤心和难以接受。

2. 找到恰当的分手理由

分手的原因有很多种，比如说沟通不足、性格不合、价值观不同、学习压力大等。每个人的情感都是不同的，因此分手的理由也是千差万别。有些分手的理由是不能直接和对方说的，比如粗鲁、缺乏温情、心胸狭窄，在分手的理由上，可以就事论事，不要对人。大学生需要寻找的分手理由一定要客观，避免让这些理由成为伤害对方的武器，让对方感受到更多的伤害和负担。万一对方性情暴戾，很要面子，则很可能走极端，威胁人身安全。另外，为了不给对方以任何遐想空间，分手的理由必须短而有力。切勿因为害怕对方而犹豫不定，以免使对方误以为还有转机。

3. 正确把握分手时机

分手时机的选择对于大学生的未来和心理健康至关重要。在这方面，大学生不应该轻率行事，而是需要经过深思熟虑。首先，不要突然提出分手的消息，而应该循序渐进，让对方逐渐有心理准备，不至于措手不及。其次，要考虑到对方的现状和生活状态，如果对方正处于一个关键的阶段，比如面临考试，或者存在压力大、家庭矛盾或健康问题，那么此时分手可能会给他们造成更大的伤害。在这种情况下，我们应该选择一个相对较为稳定的时机，以便双方都能更好地处理分手的情绪和后续问题。

4. 根据对方不同性格谈分手

可以直接告诉有素质且有益的伴侣："我们并不适合成为情侣，还是做好朋友吧！"对于那些对自己没有危险也没有朋友价值的恋人，为了让他们自己意识到感情不再并且让感情淡化，可以利用忙于其他事情的借口远离他们，然后告诉他们："我们之间没有缘分，还是分手吧。"面对霸道、不理性的恋人，分手时要果断地提出："我们不要再见面了。"不用过多解释原因，如果对方威胁我们，我们可以警告他们，我们将采取法律手段，并且暂时离开一段时间，借口探亲、旅行等，让对方的情感有所冷却。此外，我们也可以向对方的亲朋好友透露这种威胁，并希望他们能以和善的方式劝说。

二、如何面对失恋的悲伤

失恋是大学生在恋爱过程中常见的情感心理问题。由于很多大学生对爱或被爱缺乏正确的理解，一旦失恋，轻者陷入情感的旋涡难以自拔，重者痛不欲生甚至产生轻生念头。失恋带来的悲伤、痛苦、绝望、忧郁、焦虑等情绪使当事人受到伤害，可以说是人生中最严重的心理挫折之一。大学生失恋后的特定情绪反应和行为反应会呈现出一定的时间节点，体现出一定的阶段特征（图 6-6），接下来就以不同的阶段和节点阐述一下如何面对失恋的悲伤。

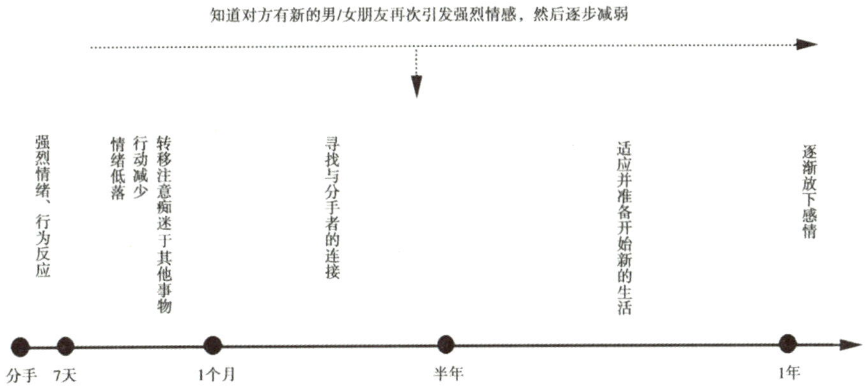

图 6-6　失恋后的哀伤反应过程

1. 情绪和行为反应激烈（分手一周内），要注重情绪的发泄

失恋的本质其实是一种丧失，如果从这个角度来看，经历丧失就要度过一段哀伤过程。在失恋后的大约一周之内，是个体情绪和行为反应最为激烈的阶段。男生可能在极端情绪控制下做出寻求刺激、语言与肢体暴力等行为以寻求发泄，女生则多采用哭泣等方式进行宣泄。

这个阶段最主要的就是多途径地合理发泄情绪。可以多跟朋友倾诉，多让家人陪伴，尽量避免独处，不要强迫自己像什么都没发生过一样，而是允许自己合理地表达悲伤，对于“什么都不想干”的状态也要多一些理解和接纳。

2. 颓废和转移注意力（分手后两周到一个月），开始生活重构

这个阶段的具体表现包括：失眠，经常“白天还好，晚上要睡觉的时候就会止不住去想”；对对方的思念会加剧，情绪持续低落，行动减少，比如就躺在床上，不想去上课；对于事物丧失兴趣，不去上课也不想见人；开始对某种事物痴迷，比如疯狂学习、参加各种社团；还容易睹物思人，经常回忆起曾经的一些美好。这个阶段是和痛苦共存的阶段，能否很好地度过这个阶段，对于能否顺利从失恋里走出来至关重要。

因此这个阶段需要较好的自我控制能力和较强的行动力，即尽量坚持让生活回到正轨，按时上课，努力完成作业，说服自己不要天天窝在寝室或者躺在床上，无论如何艰难，都要尽力摆脱颓废的状态；与此同时建议减少联系，甚至不联系，尽量处理掉和这段感情相关的一些资料，比如聊天记录、联系方式、照片视频等，可以改变一下自己生活的环境，并与触发痛苦回忆的事物、地方和人隔离，既避免睹物思人，也有利于正常生活秩序的恢复。

3. 寻找与分手者的连接（分手后大约半年到一年），让理智克服冲动

这段时间，可能会尝试同对方进行联系，会怀念过去。部分失恋者会在此时间段产生重新挽回感情的想法，尝试加回对方联系方式或同意对方好友添加请求，被动分手的一方会尝试根据被告知的分手原因或自己猜测的分手原因进行改善与调整，试图通过自身努力与改变挽回逝去的感情。

由于这个阶段，分手带来的负性情绪已经基本减退，可以进行理性的思考，所以这个阶段一旦有复合的想法，一定要慎重考虑。同时也不要心存报复，更不要试图用“当不成恋人还可以做朋友”的想法欺骗自己，这些行为都会直接或间接地强化失恋者和对方的情感纠葛。

4. 放下感情（分手后一年左右），开始新的生活

在这个阶段，失恋者开始逐渐不再期待已经结束的感情，并放弃挽回感情的可能性，逐渐将上一段感情“放下了”，觉得能够“走出来”。而且在此时间段内很多人在认知上产生了一些变化，有的对于恋爱关系的丧失有了可以接受的解释，也有的做好了接纳下一段亲密关系的准备。

这是一个重生的阶段，可以理智地分析一下刚刚结束的这段感情，存在的问题在哪里，未来若有新的恋情会面临什么困难。注意分析的时候不要仅仅从消极的视角来看待，也可以总结一下经历了这段感情之后，有哪些成长和改变，对今后的生活有什么借鉴。可以尝试跟更多人一起交流，让自己进入完全崭新的生活。

根据上面的阐述，你会发现疗愈失恋是需要时间的，是一个漫长的过程，所以不能操之过急。另外失恋并不完全是坏事，每一次的恋情都可以让人成熟起来，失恋给了我们新的机会，更给了我们无限的可能性。

三、如何安慰失恋的朋友

1. 积极倾听，给予同理的回应

有时候，失恋的人需要倾诉他们的痛苦和不快，并抒发情感。作为朋友，我们要用开放的心态聆听他们的故事。同时也需要向对方表达同理心的回应，即通过向朋友陈述自己所知道的朋友的痛苦和悲伤来表示自己的理解和关心，从而达到安慰目的。比如刚失恋的朋友向你哭诉她的男朋友跟自己分手了，你可以安慰她：“你说你很喜欢你的男朋友，有什么好吃的、好玩的你都会分享给他，由于异地恋，你想见他就会一个人跑到他的城市里，你为他付出了很多，而他却跟你提出了分手，你很伤心，很痛苦。”这种同理心的回应可以帮助你的朋友明白你是懂她的、她不是孤立无援的。

2. 使用称赞的策略

在安慰的过程中，对倾诉人的优点进行多方面夸赞，有助于挽回其在失恋事件中所损失的“面子”，促使其更快地从失败的阴影中走出来，重拾面对生活、寻找爱情的勇气和信心。当朋友失恋时，很容易产生自卑感和负面情绪，这时，我们可以帮助朋友重新发现自己的价值、优点、所获得的成就等，使朋友意识到分手原因并不是自己不够优秀或一无是处。比如，面对你失恋的朋友，你可以说：“你看你，要样貌有样貌，要学历有学历，人又很好，很细心，也会关心人，学习还好，年年都拿奖学金，你如

此优秀，他跟你分手是他的损失，应该是他伤心才对！”

3. 使用回避策略

回避是指避免讨论某个话题或放弃传达某个信息。当朋友经历失恋时，大多数人会选择各种直接或间接的方式来帮助他们分析问题，并鼓励他们重新开始。然而，有时候“避而不谈”或“顾左右而言他”也是一种有效的安慰方法，因为它能够将朋友的注意力从消极状态转移到其他积极的事情上。比如，你的朋友失恋后窝在寝室，萎靡不振，无论大家怎么安慰，她都无法释怀，而你知道你的朋友很喜欢唱歌，于是在临近班级团建的时候你可以寻求班主任的帮助，希望班主任邀请你的朋友为大家唱歌，这样可以暂时性地将你的朋友从悲伤的状态中拉出来。

4. 故意激将法

当朋友因为失恋而陷入消极情绪时，人们往往会用温暖亲切的话语去安慰对方的心灵，他们会说：“别难过，时间会治愈一切的。”或者说：“这只是暂时的，你一定会找到更好的。”这些话语的目的是给予朋友力量和勇气，帮助他们重新看到生活的美好。然而，有时候也有人会采用故意激将的责备口吻，希望以此“骂醒失意人”，让他们从消极情绪中解脱出来。这种严厉的话语常常包含一些对失意人的刺激和挑战，例如：“你怎么可以为了一个不值得的人而自暴自弃？”或者是“你难道不明白他根本不值得你为他失去自我吗？”这样的话语通常会激起失意人内心的反抗和反思，让他们开始重新评估自己的价值和选择。这种方式的有效性在于，通过施加一定的压力和冲击，失意人可能会更加积极地反思自己的处境，并寻找解决问题的办法。

5. 分析问题以直接安慰

当朋友处于消极情绪中时，我们可以通过分析造成失恋的种种原因，并通过说明道理的方式来帮助朋友重新审视和应对情感困扰。首先，引导朋友去分析失恋的原因，从而让朋友意识到这并不完全是个人的错。其次，你可以以客观的角度指出朋友在这段感情中的付出和努力。通过这样的指导，能够启发朋友从积极的角度看待失恋，鼓励朋友从中吸取经验并提升自己。再次，你也可以通过讲述一些例子或故事来证明情感的破裂并不只是朋友一个人的问题，告诉朋友失恋是生活中常见的一部分，并强调在这个过程中成长和学习的重要性。最后，你可以通过给予一些具体的建议和行动计划来帮助朋友摆脱消极情绪。比如鼓励朋友积极参与自己喜欢的活动，同时通过自己的行动带动朋友参与到活动当中去。

附录：大学生亲密情感与爱的能力典型案例及调节方法

❀被喜欢的人拒绝了，很难过怎么办？

❀烛光晚餐的浪漫密码是什么？

❀为什么明明不爱了却舍不得分手？

❀从不吵架的感情真的好吗？

❀异性面前觉得特别自卑，该怎么办？

第七章 家庭问题与分化成长

故事引入：父母要生二胎，我该支持还是反对

小芯，你好！刚开学不久，妈妈突然给我打电话说她怀孕了，她跟爸爸都想留下这个孩子，但也想听听我的意见。实话实说，我的第一反应是非常反感，我觉得他们想留下孩子的原因就是想要个男孩，我觉得我父母重男轻女，小时候总能听见父母私下聊天说我要是个男孩该多好。我知道自己不是父母期望的孩子，所以一直都表现得很乖，成绩也不错。但是如果真的生了一个弟弟，我不知道父母还会不会一如既往地待我，他们会不会更偏爱弟弟。所以，到底要不要生下这个孩子，我不知道该如何答复他们。

特别感谢乐乐同学的分享！我们不妨做一个假设，如果没有感觉到父母有重男轻女的倾向，你对这个孩子的态度会是什么呢？如果你依然觉得有些排斥，那就要想想，你到底是在担心什么？是觉得父母年龄较大，再要一个孩子会给家庭带来很大压力，你担心他们太辛苦；还是说如果父母真的生一个弟弟或妹妹，你觉得作为姐姐就需要担负更多的责任，特别是将来父母不在的时候；还是担心这个孩子会夺走你现在所拥有的东西，比如父母的宠爱或家庭的物质资源？

听小芯你这么一说，我觉得我对未来的弟弟妹妹是没有排斥的，只是有些担心，担心父母太辛苦，也担心自己的压力会增加，但是最主要的还是担心有了弟弟或者妹妹，自己在家里就变得不重要了，爸爸妈妈就不会像从前那样对我了。

AI支招：

无论是哪一种情况，你都可以跟父母说出你的担心，给出你的建议，但有一点希望你明白，无论如何最终你还是需要尊重父母的决定，弟弟或妹妹未来的生养和教育责任也是他们主要担负的。

当然还有另外一种情况，就是如果父母不重男轻女，那么你就会非常欢迎这个孩子，你很期待自己有个弟弟或者妹妹。在这样的情形下，说明你真正要解决的问题不是如何答复父母，而是内心深处对父母重男轻女的不满。

不可否认，你的父母可能真的很想要一个男孩，父辈们传宗接代的思想可能根深蒂固。他们会觉得如果是男孩，那么家族就能传承下去，而女孩终归是要嫁人的。但是，有这种观念也并不意味着父母不爱你，所以一方面建议你回想一下，从小到大，父母是不是一直都对你很好呢？还是经常会忽略你，不重视你？单就是否生二胎这件事来看，他们也在征求你的意见，那么在小芯看来，你的父母还是非常重视你的。另一方面，如果你从来没有告诉过父母你认为他们重男轻女这种感受的话，就好好跟他们沟通一下吧。向父母澄清你内心的种种担忧，希望父母不要因为有了弟弟妹妹而“冷落”了你。小芯相信，好好沟通之后，父母也会明白你的顾虑。

第一节　家庭及其影响

一、家庭的界定

家庭是亲属关系或类亲属关系中相对较小的群体，是一个相互合作才可以发挥功能的社会生活单位。亲属是指一些有着共同的祖先或血缘的人，或是由姻亲关系或养育关系的人组成的社会网络。亲属可包括父母、兄弟姐妹、姑姨叔舅、（外）祖父母、姑舅祖父母、叔伯祖父母、堂（表）兄弟姐妹、远房堂（表）兄弟姐妹等。家庭是一个相互合作而发挥初级社会化、人格稳定化、经济合作等功能的单位。

根据成员规模、结构、掌权者和劳动分工等维度，家庭可以区分为不同类型。如由一对已婚父母和未婚子女组成的核心家庭，核心家庭内部仅保持着三种最基本的家庭关系，即夫妻、亲子、兄弟姐妹关系；由一对已婚父母和一对已婚子女（或者再加上其他亲属）组成的家庭为主干家庭；多个核心家庭以及主干家庭组合则被称为扩展家庭。随着社会经济的进步，现代家庭出现了很多新特点，比如家庭规模日益缩小，由父母和儿女组成的两代核心家庭日益增多，父母的家庭分工也出现变化，传统的“男主外、女主内”模式随着越来越多的女性进入职场而被打破。

家庭是个体成长与发展的初始环境，也是最重要的环境。家庭结构、父母的教养方式、家庭的社会经济地位、父母的文化程度和职业等因素都会对个体产生较为深远的影响。特别是现代家庭出现的这些新特点势必给个体各方面发展带来新的机遇和挑战，如缩小的家庭规模以及核心家庭中日益密切的沟通互动，不仅将儿童推为家庭人际网络的中心，同时也使很多父母觉得孩子是他们生活中的重要部分，要尽可能为孩子提供最优化的成长环境，最大限度地满足孩子方方面面的需求。同时，将家庭里最高、最重要的期望寄托于孩子身上，希望他们有一个美好的未来，为此很多父母非常重视教育，甚至部分家长片面地认为只要学习好，就一切都好，只关注孩子的学业，而缺乏对孩子其他社会性发展方面的关注。

爸爸妈妈对自己的影响

活动步骤：

1. 在白纸上画三个两两交叉的椭圆，从左向右分别代表爸爸、自己和妈妈，如图7-1所示。

2. 思考：爸爸的个性是什么，可以用哪些词语来描述；妈妈的个性是什么，可以用哪些词语来描述；自己的个性是什么，哪些个性是和爸爸共有的，哪些个性是跟妈妈共有的，哪些个性既不受爸爸影响，也不受妈妈影响？

3. 看看自己的个性与谁更为相似，思考为什么会出现这种情况。

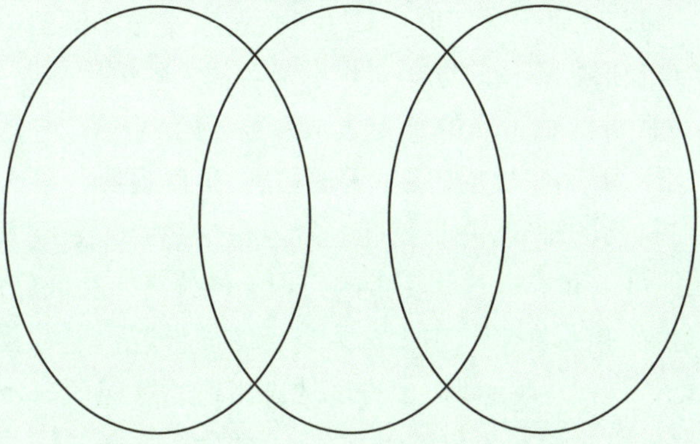

图 7-1　活动示意图

二、家庭的系统性

家庭系统理论由莫瑞·鲍文（Murray Bowen）提出，他的主要观点在于认为个人身上出现的问题来源于其与环境之间互动的失调。鲍文提出一系列的概念来构建其理论，其中有两个最主要的假设：其一，家庭成员间过度的情感联系和家庭功能失调有着直接的联系，自我分化（self-differentiation）是家庭成员必要的成长目标；其二，在一代没有解决的问题趋向于传给下一代，即多代传承理论。下面几个极为重要的概念构成了鲍文系统家庭理论的基础。

1. 自我分化

自我分化是鲍文理论的基石，它包括两方面含义：人际间相互依赖程度和内在自我分化程度。分化关注的是个体，强调人们在面对外界要求保持紧密的压力时，由于不同的个体对压力的敏感程度不同，且他们在压力下所维持自治能力的水平也不同，因而存在不同的内在分化程度。内在的自我分化是指个体具备能够平衡理智和情绪的能力，将二者区分开并客观地做决定。未分化的个体几乎不能将理智从情感中分离出来，他们的智力被情感所淹没，以至于他们几乎没有能力客观地进行思考。缺乏分化情绪和思考的人，同样无法分化自己与他人的关系，导致极低的自我认同感，进而倾向于认同他人以获得情感融合，忽略了自我真实需求。比如一个孩子看到妈妈离婚后非常痛苦的样子，他也会沉浸在妈妈的痛苦情绪中，无法理智做出思考，觉得是自己不够好，是自己做错了，让妈妈陷入这样的境地，他为自己不能帮助妈妈摆脱痛苦而自责内疚，这就是孩子低分化程度的表现。

孩子生活在不同分化水平的家庭中其心理成长水平是不同的。在分化水平较高的家庭中，孩子的自我形象不是建立于对焦虑或者他人的情感需要的反应上，也不需要建立在其他人对自身情感歪曲的感受之上。孩子的“自我”不会迫于为了得到接受或赞许这种情感压力而自动地按照家人的信念、价值观等行事。与此相反，信念、价值观和信心来自自己的理智，并且彼此一致。在这种情况下孩子能够作为家庭的一部分正常成长，但可以和家庭达到正常的心理上的分离。在低分化的家庭中，由于情感的压力强度过高，孩子在成长中无法为自己的需求进行思考、感觉、行动。孩子的功能仅仅是对他人做出反应，他们会更多地做出情感反应而缺乏理智的思考。如果影响孩子的重要他人之间有不同的信念，孩子就会在不同的信念和价值观之间摇摆不定。分化的水平很大程度上是由一个人与抚养他成长的家庭之间的情感分离程度所决定的。这种分化水平一般在孩子到了青春期就已经建立得很完善了，通常可以持续一生，除非有不寻常的生活事件或者通过有目的的努力（例如心理咨询）才可能改变。

提升自我分化水平可以帮助大学生解决很多家庭困扰，比如父母经常吵架的家庭，自我分化较好的孩子会知道这是父母之间的问题，是只有父母自己才能解决的问题，不会因为父母经常吵架而对自己产生情感压力，比如否定自己的价值，觉得自己什么都做不好，甚至觉得都是自己的错才导致父母天天吵架。后面要详细阐述的关于如何面对父母离异、如何摆脱父母控制等内容，与自我分化也有着密切的联系。

2. 三角关系

三角关系是鲍文在 1966 年提出的，他指出，在人际系统中最直接的关系是两个人的关系，但是两个人的系统是不稳定的。当一对一的沟通和互动无法满足彼此的需求时，第三个人的参与能减少两个人之间的焦虑以维持稳定。

三角关系有以下几个基本特征：（1）一个平衡的两人关系会因为增加第三人而失去平衡，比如夫妻两人有了宝宝之后，妻子对丈夫的关注减少，使得夫妻两人关系出现失衡；（2）一个平衡的两人关系会因为第三人的离去而失去平衡，比如孩子上了大学离开家庭，父母二人出现不适应，夫妻关系开始出现问题；（3）一个不平衡的两人关系会因为增加第三人而达到平衡，比如一对夫妻关系比较糟糕，经常吵架，但是孩子出生后，两个人把精力都放在照顾孩子上，原来的冲突反而没有了；（4）一个不平衡的两人关系会因为第三人的离开而达到平衡，在矛盾中支持某一方的人离开，会使得矛盾减少，比如老人回老家后，原本总吵架的夫妻关系却出现缓和，而且就算出现矛盾，也很快就可以解决。

三角关系是困扰大学生心理的典型家庭问题之一。比如父母离异或者父母一方不幸离世之后，单一的亲子关系会导致亲子依恋水平提升，但同时也可能带来更激烈的亲子冲突，正如前面所说这种一对一的亲子关系缺乏稳定和调和，处在这种家庭情景中的大学生应该发展更加多元的亲密关系，不会因为父母离异而拒绝和父母某一方关系，保持跟爷爷奶奶、外公外婆的情感连接，积极跟同龄人交往，敢于接受异性的好感，如果将情感重心过多地放在"相依为命"的亲子关系中，很容易产生孤独、无助以及抑郁等消极情绪。

3. 慢性焦虑

慢性焦虑通常是对想象的威胁产生的反应，没有特定时间的限制。慢性焦虑的主要原因是人际关系系统的紊乱。比如一个三口之家，父母原本和谐的夫妻关系发生了变化，经常吵架，那这个家庭就会笼罩在慢性焦虑之下。一般来说，心理分化水平越低，慢性焦虑的水平越高。这种慢性焦虑是习得的，它可以不经思考地被传递和吸收，是基于条件化的过程。就像前面提到的父母吵架，孩子几乎都会自动地为此而难过，他们对父母的感受十分敏感，对父母表现的不愉快会迅速做出反应，进而也陷入痛苦之中。这个时候痛苦的父母也变得焦虑，越焦虑的家庭成员，他们之间的相互反应就越不可能具有建设性，这也是为什么父母吵架会让孩子受伤的原因之一，焦虑痛苦中的父母更容易出现教育失当行为。而且每个人都试图缓解自己的痛苦，比如父母会翻来覆去地跟外地上学的孩子打电话诉说自己的难处，指责另一方的不好，这个时候就会增加家庭中其他人的痛苦。

但心理分化水平较高的家庭，慢性焦虑的水平就会比较低，父母觉得吵架是自己的事情，没有必要打扰孩子，孩子也明白这是父母的婚姻，不在自己能够解决的范围之内。因此在面对父母争吵、家庭变故、经济困境等家庭问题时，大学生一定要与父母保持合理的界限，不要让自己也卷入焦虑之中，一个快乐、健康的自己才是给家庭和父母最好的礼物。

4. 情感截断

情感截断是指人们处理代际之间分化不良的一种方式，它通过远离家庭成员（如子女不与父母住在一起）以保持一定程度的自我分化。代际间的情感密切程度越高，情感断绝的可能性就越大。为了摆脱和父母过度亲密所造成的压力，一些人选择和父母彻底拉开距离，远远地逃开。但这种距离并不代表孩子和父母的情感真正地做出了分离，身体上的独立并不代表情感上的独立和成熟。和父母之间未解决的依恋仍旧发挥着巨大的作用，不会因为距离上的分离就使未解决的依恋一笔勾销。比如有些大学生报考远离家乡的大学，他们原本以为离家远远的，就能摆脱家庭的困扰。可是到了大学之后，才发现家庭对自己的影响依然存在，比如妈妈动不动就给自己打电话，一天好几次，各种询问和控制，家里的影响不但没有减少，反而变得越来越多了。

由此可见，情感的断绝不是解决问题的办法，相反可能使人更为脆弱，特别是在应激的情况下，越断绝关系的人越容易出现心理问题。

5. 多代传承的过程

家庭的情感过程是通过多代传承的，即父母会有意或无意地将分化水平传递给下一代，下一代习得的情感过程与父母相差无几。多代的情感过程是固着于情感系统的，它包括从一代传递给下一代的有主观决定的态度、价值观和信念。多代传承的假设是指今天所观察到的关系类型和四五百年前的关系类型基本上是一致的，甚至可以回溯到这个家庭的更远的祖先。也就是说，在一代中表现出的家庭问题对于下一代有预测的作用。虽然有时我们会试图对这种传承做出反抗，但这种烙印的确会一直深存于我们的身上。

根据多代传承的理论，如果家庭中的孩子出现问题，那么问题不应该只归因于孩子，同样父母也不应该单单成为受指责的人，问题是多代传承的结果，在这个传承中所有的家庭成员都是参与者和反应者。以“父母对孩子的期待”为例，这种期待可能就是多代传承的结果，父母也曾经是孩子的角色，他们父辈对他们的期待会影响到他们对子女的期待，一个当年遗憾没有上大学的父亲，可能就格外期望子女能够考上大学。所以当我们觉得无法理解自己父母为什么会这样想、会这样做、会这样要求自己的时候，不要仅仅停留在父母这一个角度，家庭的传承也许限制了他们对子女的理解，带着这种想法可能会更容易理解父母、原谅父母。

认识家庭的三角关系

你或许曾见过或经历过这样的场景。

一对夫妻因为某些事情发生矛盾，妻子指责丈夫回家之后总是不愿一起做家务，但丈夫反驳是因为家里没有那么多家务需要去做。他们数次交流之后发现矛盾仍然不可避免。

这时我们发现妻子一方和丈夫一方会采取一些其他的行动。

妻子会对孩子说："家务应当是家人一起承担的，你去说说你爸爸，提醒他在家里要多做事情，你说的话他是能听进去的。"

丈夫会对孩子说："其实家里没有那么多的家务需要做，我每天工作真的很累，你妈妈很难体谅我，但你应该是能够体谅我的吧？"

我们会发现当冲突存在于两个家庭成员之间时，其中一个可能倾向于引入第三方的力量。就像上述场景，夫妻双方会引入孩子的力量，他们试图通过孩子的间接劝说以达到自己的目的。这时原本对于父母婚姻生活可能并不了解甚至并不关注的孩子会被引入这一情境，孩子就此对于父母之间的冲突较为敏感，会更多地把自己投入两人关系之中，通过给建议、传话、安慰其中一方等方式介入其中，由此一种三角关系也就形成了。

那么这种三角关系对于整个家庭关系来说会起着怎样的作用呢？恶化还是改善？放在不同的情境中或许会有不同的效果，为此请思考下面几个问题。

1. 什么会影响到我们的分化？

2. 我们的家庭中存在着哪些三角关系？它们通过怎样的途径被建立起来，造成了怎样的影响？

3. 你会做一些自己并不喜欢但父母殷切希望的事情吗？

4. 你的哪些地方会与你的父母存在相似之处呢？

5. 你会远离父母来彰显自身的独立吗？

三、家庭的界限

家庭的界限是指家庭成员之间在情感、心理以及社交关系方面所形成的可感知的地带和范围的分界。划定界限的目的是保护家族成员的尊严和隐私，同时促进他们之间的沟通和合作。

一般来说，家庭界限可以被分为四种类型。

一是过渡型。当家庭成员从一个生命阶段转移到另一个生命阶段时，家庭成员的界限会得到相应的改变。比如子女从少年迈入成年时，他们被认为已经是成熟的大人，会更多地涉及家庭中的“正事”。

二是灵活型。家庭成员之间允许存在偏差和调整空间，以适应家庭结构和成员的变化。这种边界是灵活的，家庭成员有时可以调整它们，以适应新的生活方式和需要。

三是异构型。在这种界限类型之中，家庭成员被允许拥有个人空间和私人时间，但仍与家庭联系在一起。家庭成员可以适度进入和退出家庭空间。比如一对父母跟孩子既有亲密的互动，但也给孩子一些独立自主的空间，父母会退出对孩子部分生活的干涉。

四是紧密型。在这种边界中，家庭成员与其他家庭成员保持非常紧密的联系，家庭成员的生活彼此紧密相连，家庭成员将家庭生活视为最重要的内容。

在本章节，我们需要思考的第一个问题在于不同类型的家庭界限对大学生的成长会存在什么影响。这里引入一个具体的例子进行说明。

乐乐是父母的第一个孩子，却得到了父亲和母亲截然不同的对待。乐乐的父亲十分严厉，为她制定了各种各样的规矩，而且要求她无条件服从，她只要破坏了规矩，父亲就会立马翻脸，对她进行严厉的惩罚。与之相反的是，乐乐的母亲却对她关爱有加。无论是生活还是学习还是人际交往，乐乐的母亲都会过问得清清楚楚，她害怕外界会对乐乐造成伤害，认为只有在家中乐乐才能得到最好的保护，在母亲无微不至的照顾下，为了保护乐乐，乐乐过上了“饭来张口，衣来伸手”的生活。

这是一个十分典型的例子，这个家庭中有过分管控的父亲和过于溺爱的母亲。“管控”和“溺爱”也是我们生活中较为常见的打破家庭正常界限的方式。父母疼爱子女本是人之常情，在家庭中制定规则也是一种为孩子和家庭秩序考虑的方式。但无条件的服从和无条件的溺爱只会模糊了家庭中的界限，孩子被牢牢地掌握在父母的手中，父母的权威和注意力在孩子身上牢筑，家庭界限模糊的结局只能是两败俱伤，个体的人格价值、私人空间、尊严无法在家庭中得以彰显。

对于大学生来讲，保持家庭中的边界是很重要的，但很多父母即使孩子上了大学，还不能跟孩子建立清晰合理的界限，比如干扰孩子的选择，给孩子有条件的、功利化的爱以及情感控制等，当大学生们遇到这些问题，以下是一些可能有用的建议。

1. 坚定自己的立场

大学生在家庭中虽然是为人子女的角色，不可避免地受到家庭影响，但家庭中的每个人都具有自己的独特性，都有着不同的需求和期待，不能因为是晚辈、因为受到父母的照顾就让自己陷入不平等的关系中。养育不能成为父母控制和干涉子女的理由，必须承认也需要尊重子女的个人空间和私人时间。

如果家人因此跟你争论或发脾气，请坚定自己的立场。你不必对他们的反应或感受负责，也可以选择不去理会这些反应。

2. 明确告知父母自己的界限

在沟通中需要保持话语清晰和直接，不要觉得表达自己的立场很艰难。如果不能直截了当，就会削弱自己做出决定的效果。比如直接跟母亲说："妈妈，我端午节不回家。"你可以不添加任何理由和解释，这种类型的直接沟通清楚地说明了自己的立场以及已经做出的决定。如果家人对你设定的界限感到不安时，给他们空间和时间去感受，让他们自己调整情绪，不要强求他们快速适应这种界限。

3. 试着站在父母的角度

在坚定自己立场的同时，也请从父母的角度考虑问题。比如你决定过年不回家，你的父母之所以会因此而感到失望，是因为从你出生起，全家人一直是共享这个节日的。他们想念你，想利用这个节日见到你，实现家庭团圆，你不回家可能会让他们感觉到孤单，感觉到孩子远离自己的失落。无论他们是因为什么不同意你过年不回家，试着从他们的角度去看问题，都有助于你更多地理解父母、关爱父母。当然这种换位思考并不是为了改变你的想法。相反，只有了解他们为什么不高兴，才不会给自己造成不必要的痛苦，也更有利于坚定自己。

4. 做出合理的妥协

在某些情况下，妥协是可能的。"妈妈，这个春节我不打算回去了，但我会每天跟你视频，告诉你我都在做什么。"虽然这可能并不是家人最理想的结果，但不至于使他们过于失望。这种妥协可以缓和自己与家人之间的紧张关系。当然这里的妥协是适度的妥协，不是完全放弃自我，而是缓和关系，换一种方式来满足父母的某种要求，原有的界限就不会打破。

第二节　一些常见家庭问题的应对

一、父母打算离婚，该怎么办

互动小程序：关于原生家庭的问卷

自 20 世纪 80 年代以来，中国的婚姻观念开始转变，大众对离婚的包容度不断上升，离婚现象也越来越普遍，离婚率呈逐年上升之势。民政部统计数据显示，我国离婚率从 2000 年的不足 1 ‰ 上升至 2020 年的 3.1‰，超过了欧美部分发达国家，也高于邻国日本和韩国。大量家庭解体，会给未成年子女的成长带来诸多不利影响。

与未成年群体相比，大学生群体中的家庭关系破裂更具有其特殊性，父母在采取离婚这一行动时会显得更为坚决，而不仅仅是“冲动行事”。离婚这一行动的时间节点也具有其特殊性，大多是在子女高考之后，或是父母认为子女已经“长大”之后，这种现象也就是近些年逐渐为大家所熟知的“高考离婚潮”。在这之前，父母会认为未成年的孩子往往心理更加脆弱敏感，对他们而言，需要的是能提供和睦温馨家庭环境的父母。父母的这种看法具有一定的合理性，但其忽略了孩子成长过程中生理发展和心理发展不同步的现象。突如其来的消息可能会带来成熟的理解，但也会带来刻骨铭心的伤痛。那么面对父母的婚姻问题，以下是一些可能有所帮助的建议。

1. 与父母及时沟通，正确归因

导致离婚的原因是多种多样的，或许是因为爱情不再，或许是因为金钱纠纷，又或许是因为沟通不良，每个情况都有自己的特点和背景，父母选择离婚也一定有他们的理由。因此对于家庭中的子女来说，在被父母告知离婚这一消息时应当学会与父母进行及时的沟通，在这之前，不要做出过多的假设，离婚背后的原因往往比表面上看起来复杂得多。我们对于离婚的反应可能会让父母感到强烈的不安，因此要学会倾听他们的感受和想法，体现尊重和支持。父母因为什么而选择离婚？他们是否存在着不可调和的矛盾？离婚之后各自是否会有更好的发展？种种信息的获知可以让我们更加清楚父母的想法和决定。

同时，对离婚进行正确归因也有利于我们站在父母的角度去思考问题。诚然对于我们来说，会更加希望自己有一个完整且有爱的家庭，因此站在自身的角度或许会很难接受这一事实。但当我们能够站在父母的角度思考问题时，我们更多地会忧他们之忧，会更多地希望他们能够得到更好的结果，而不是全然以自我为中心来看待离婚这件事情。

2. 避免把自己当作家庭中的“问题成员”

在离婚这一事件发生之后，一些孩子会更多地将自己视为问题的根源，甚至会将自己视作家庭中的“问题成员”。但真实的情况是，离婚很少是由于子女行为引起的，子女的行为和个性与父母离婚并无直接或间接关系。虽然我们与父母之间血脉相连，是密不可分的家庭成员，但离婚归根结底是父亲和母亲双方的事情。他们是具有独立人格的成人，知道并且应该为自身的选择担负责任，因此作为子女，作为另一方独立的个体没有必要将他们的决定归咎于自身，将自己视为问题根源。

3. 不要试图成为父母婚姻问题的“解决者”

离婚，对父母双方来说往往都是重大的挫折事件，这个时候很多父母会无意识地把孩子拉进来以增加自己的力量，形成前文所说的三角关系。比如试图让孩子说服对方、指责对方、跟对方沟通等。而子女觉得作为家庭成员，特别不希望家庭破裂，也很愿意进入这个三角关系，帮助父母解决他们的婚姻问题。这种做法会给孩子带来巨大的压力，让他们夹在父母之间左右为难。但更重要的是，无论子女多么优秀，在父母那里有多大的影响力，都很难解决这个问题，离婚是父母之间的问题，必须由他们自己解决，子女是无法帮助他们的。

4. 保持自己稳定的日常生活

父母的离婚对于整个家庭会造成不可磨灭的影响，但这并不代表我们的生活要从此一蹶不振。在这时我们可以尽可能地维持日常生活秩序和稳定的环境。在与父母的关系层面，努力做到保持与离婚父母的联系，以确保双方能够互相了解彼此生活，不因父母双方感情破裂而影响到子女与父母之间的感情链条。在自身生活方面应做到努力保持自己正常的作息、规律的饮食、适当的学习、适度的社交等日常生活。生活方面往往是一环带动一环的，正如坏的情绪会影响到健康、社交和学习，不良的健康、社交、学习状态同样也会对情绪造成负面的影响。离婚已然成为一种伤痛，努力保持正常的生活是为了不再给自己的生活加上又一层“砝码”。

二、父母偏心，该怎么办

在一些多子女的家庭中，人们有时会听到一个词叫作“偏心”。偏心的大致意思就是,虽然孩子们在家庭中的初始角色都是差不多的,但是父母对待子女的方式却是存在差异的。比方同样做了错事,一个孩子可能会被简单原谅,另一个孩子可能会被严厉训斥;比方在分配东西时无法做到公平地分配,好的更愿意留给其中的一个孩子。父母偏心会给孩子带来不良的影响,在一个偏心的家庭中,孩子的人格会受到压制,无法全然建立起安全的依恋关系。如果遇到父母偏心的情况,下面是一些可能有用的建议。

1. 与父母沟通

与父母进行开放、诚实的对话,坦诚表达我们对于“偏心”这一行为的感受。试着不以愤怒或是责怪的语气询问,而是询问他们是否意识到了正在发生的事情,并坦诚指出这种行为带给我们的伤害,最为理想的状态当然是父母能够认真地倾听我们的话,从而共同探讨出解决问题的方法。但如果初步的尝试以失败告终,我们也可以采取更加委婉的方式,如可以先通过和父母寻找共同点,做些能够令大家更开心的事情,比如与父母一同度过舒缓的时光或是一起加入父母感兴趣的活动,把握机会来拉近与父母之间的联系。在联系进一步紧密之后再提出我们的感受也会是一个不错的方式。

2. 告诉自己“这不是你的错”

心理学家弗兰克·苏洛威曾用达尔文主义解释过父母的偏心:父母希望能够通过繁衍后代来复制自己的生物学自恋情结。通俗来说,就是父母会喜欢更健康、更有潜力的后代,因为这些孩子会有更多的机会成功,让家庭的优良基因延续下去,这是一种动物本能。再结合中国古代“男尊女卑”“重男轻女”的观念来看,偏心的观念已经深深植入了部分父母的内心。

所以,面对父母的偏心与伤害,要认识到这并不是你的问题,不是“我不够好,所以我不值得被爱”,而是父母自己的问题,你需要把责任归还给父母,停止对自己的指责。

3. 关怀自己内心脆弱的情绪

要接受父母对自己不够好,是一个很困难的事实,也是我们成长路上无法绕开的路程。当你因为父母对你不公感到委屈、愤怒、伤心的时候,你可以试着用一颗慈爱包容的心去对待它,不论你出现了什么样的情绪,都是正常的,你可以用成年人的智慧去关怀,呵护它。如果其他人不能给你充足的爱,你可以对自己多一点儿关爱。

每天做一分钟自我关爱练习，像对最亲爱的朋友一样，去关怀自己，去祝福自己。如果你渴求爱，你可以祝福自己“愿我可以很好地爱自己”，如果你希望自己不再那么脆弱，你可以祝福自己“愿我可以变得勇敢坚强”。

4. 寻求外界情感联结

对于偏心，我们最直观的想法或许会在于“我认为我的父母或许不再爱我，他们对于我的情感或许并不如我想象中的多”。也就是说，偏心会让我们认为自己在家庭中所获得的情感是缺失的、不足的，那么这时我们可以尝试着向外探索。一直处于家庭的困境，在一个封闭的场所不断寻找解决方式或许会让我们陷入更深的困境。当家庭中的“偏心”行为顽固且难以改变时，我们可以努力地向外寻求与探索，用外界获得的情感去补足一部分家庭中缺失的情感。最为直观的例子就是在外界多与朋友相处，在心情烦闷时与朋友多沟通、多出去游玩，用友情来补足家庭中缺失的亲情。

总之，与父母坦诚沟通并尝试找到不同的方式来处理偏心问题是很重要的。做到谦虚、自省、不放弃，并努力寻找公正和平衡是解决这类问题的不错方法。

三、家庭贫困让自己很自卑，该怎么办

进入大学之后，我们不可避免地会遇到形形色色的人。他们或许极有才华，或许能言善辩，又或许家境富裕，与他们相比较，我们显得那么平凡。在大学中，家庭贫困带来的自卑困境是一种常见的心理问题。如何与自己和解，在阅尽千帆之后与原生家庭和解，以下是一些有助于我们走出困境的方式。

1. 不要用家庭定义你

如果家庭的贫困让你自卑，那是因为你觉得自己的家庭就定义了你是谁，家庭贫困就代表了你是匮乏的，父母的问题就代表了你的问题，似乎这些都是构成你核心的一部分，除了这部分好像没有找到其他能够代表你的事物。的确，家庭环境一定会给人带来影响，有时候这种影响也很大。但是，实际上，我们自己就是我们自己，我们和家庭成员只是住在一起，有一定的联系，但每个人都是这个世界上独一无二的，父母是父母，我是我，我不再是婴儿期那个依赖父母存活的我了，我会慢慢长大，会有新的朋友、新的圈子。不要让自己的家庭来定义你，那不是你能选择的，那也不是你的错，只有你主动发自内心去做的、主动去选择的才能证明你是谁。从客观的角度来看，旁人只是看到了你的家庭环境不好，并没有看到你的不好，因为你的家庭环境和你是分开的，不能等同。

2. 学会自我肯定，找出自身优势

学会发展积极的思维方式，即保持积极的心态，找到正向的自我评价，这将有助于在困难时期保持意志力和信念。尝试看到生活中的积极方面，学会欣赏自己，寻找自己的优点和长处。同时，也要学会放下对自己的否定情绪和观念，以这种方式克服自卑困境。认可自己的成就，即回想一下自己过去几个月或几年所取得的成就。这些成就不必非常伟大，可以是完成一项任务，解决一道难题或改正一次重大错误。识别我们所有的成就，并且对自己所完成的事情表示高度评价，这可以加强我们的自信心。

3. 适当降低自我期待

因为家庭贫困，所以就要比周围的同学更勤奋、更优秀，这是很多家庭条件不好的大学生最常见的一种认知。在这样的想法支配下，对自己严格要求，给自己树立更高的目标，但总觉得自己没有达到这些要求和期待，因此特别容易内疚，稍有松懈或者失败，就觉得对不起含辛茹苦的父母。但我们需要记住，"完美"并不是真实的，"成为最优秀的那个人"也是困难重重的，即使家庭贫困，也要接受自己的真实面貌，并取消那些过分苛求的期望。你选择什么，想得到什么，都应源于你自己的需要和能力，而不是原生家庭是否贫困。放下家庭的贫困，独自上路的感觉会轻松很多。

四、父母什么都要管，该怎么办

父母控制，是一种常见的父母教养行为，它包含行为控制和心理控制。行为控制是指父母通过规则、限制、管理等方式规范子女行为，使其符合家庭或社会规范的做法，比如一些学生到了大学，父母还每天定时打电话叫起床，监督孩子是否按时去教室自习，对每天的日常安排做出很多规定，比如不能晚于 10 点回宿舍。心理控制则是父母对子女内心世界的侵扰，通过爱的撤回、诱发内疚感、施加权威等方式限制子女的情感体验和表达，比如试图通过跟孩子冷战、诉说自己的艰辛、强调自己的长辈身份等方式让孩子按照自己的期望行事。父母的过度控制是大学生出现各种心理和行为问题的影响因素之一。那么作为大学生应该如何面对父母的各种控制呢?

1. 自主独立且敢于表明立场

自主和独立的核心是撇开父母的灌输和影响，仍可以完整地拥有自己的信念、情感和行为。很多人之所以能被父母控制，是因为自己没有独立自主的能力，过于依赖

父母。生活中的你如果确实经常表现得不成熟，总是出现各种错误和问题，就像一个没有长大的孩子，那父母必然会对你不放心，什么事情都想替你安排。很多大学生常常抱怨父母管得过多过细，可一旦完全脱离父母，又会觉得心存不安。因此，大学生应该学会自己做主，无论是有关生活的安排还是一些重大的决策都应经过自己的理智思考以后得到，有自己的主见，不轻易受他人影响。自主独立的关键在于清楚地跟父母表明立场，表明立场可以帮你明确想法和信念，让你知道什么对你来说才是最重要的，同时表明立场也会促使父母反思他们的建议和要求。

2. 避免对父母的责任感过度

有些大学生难以摆脱父母的控制，并不是自己不够独立、自主，而是把对父母过度的责任感排在第一位，总觉得自己必须将自己的需求置于父母需求之下，总是会下意识地无条件赞同父母的任何决定。比如有些父母要求自己的孩子上了大学后每天都要给他们打电话，这个时候那些责任心过度的学生就会认为不打父母就不高兴、就会伤心，而让父母伤心就是自己的不孝。这种思维习惯往往是不由自主的，令大学生不假思索，也不考虑其他选择，形成这种思考习惯，大学生就会放弃自己的独立思考，也很难保持自我价值感。

3. 采取渐进式不合作和非辩护性回应来减少冲突

在面对父母控制的时候，还有一个比较棘手的问题就是如何避免强烈的亲子冲突，因为在控制与反控制的过程中，很容易激发亲子之间的对立。为此，当父母提出一些你不想接受的要求时，最开始不要全面抗拒，比如妈妈让你必须留长发，但是你可以在妈妈“长发”的标准下，稍稍剪短一点儿，逐步瓦解父母给设定的各种条款。同时，使用非辩护性回应，意思就是当你和父母意见相左时，不要生气、指责、过多解释或者试图说服他们改变主意，这些辩护性的回应很容易遭到拒绝和训斥，相反，此时不要进行任何要求和反抗，可以跟父母说“我明白了”“我理解你的意思”等，这种非辩护式的回应并不代表你在妥协，其实你仍然可以坚持自己的决定，特别是到了大学，父母其实对你的控制力在客观上已经弱了很多。

4. 处理好自己对父母的“愤怒”

父母的过度控制往往让我们对父母很生气，由于愤怒是一种令人烦恼也令人恐惧的情绪，特别是对父母表达愤怒与传统中以“顺从”为核心的孝道似乎是相互背离的，这导致子女常常不知道该如何处理自己的愤怒，他们可能会把怒火压抑在心里，把愤怒变成内心的痛苦和折磨。所以面对这种对父母的愤怒，首先就应该允许愤怒的存在，不要压抑这种感受。愤怒只是一种真实的感受，愤怒也是一个信号，它在告诉你自己的真实需求和想法。只有看见并理解这种愤怒，才有自主和独立的力量，愤怒可以帮助你认清自己在亲子关系中愿意接受什么、不愿意接受什么，帮助你定义自己的边界和极限。最后，需要及时发泄这种愤怒，以不伤害他人的方式合理地表达出来。

第三节　如何走出家庭创伤

年幼的时候，我们往往无法自己做出决定，尤其是在父母制造伤害的家庭中，孩子更是没有发言权。而这，恰恰是原生家庭给孩子带来伤害的重要原因之一。那时的我们，无法反抗父母带来的影响，只能默默承受一切。可是，当我们逐渐长大，自我逐渐成熟，是可以慢慢走出家庭带来的伤痛的。

一、看见原生家庭带给我们的创伤，接纳内心阴影

1. 看见自己的创伤

人不可能治愈自己不认为是问题的问题。如果你看不到自己受到的伤害，就不会想要走出去，只有你感受到了深深的痛苦，才会想要去改变，痛苦是促使我们行动的动力。告诉自己，这不是自己的错，深深拥抱自己。面对童年的创伤，我们应该抱有正确的观念：已经发生的事情，就是既定的事实，一味逃避和排斥，对改变现状并无任何助益。只有放下心中的芥蒂，接纳内心的创伤，才有重新成长的可能。

2. 直面自己的内心

直面自己的内心，接纳创伤存在的客观性，接受自己的阴影。很多人无法接纳内心阴影的原因，是那些阴影曾给自己带来痛苦，为了避免再一次经历痛苦，很多人认为不去面对，就可以减少痛苦。然而，实际情况并非如此。越是不敢直面内心，内心的阴影越会成长。只有和内心直接对话，才能发现问题的根源，进而重新成长，形成新的性格。同时，接受阴影并不意味着贬低自己，而是一个真实进程的开端。创伤里包含的自我批判和负面情绪可能会瞬间加剧人们的压力，但它们是我们独特的部分，承认创伤的存在是一项破解个人潜力的任务，具有终极的益处。

3. 成为自身内心的倾听者

理解自己思维、情感、负面观念等需要时间和耐心。反思自己焦虑性的想法和行为，并尝试平和地通过内在对话来修正思考方式。很多不愿接纳自己的人，往往都只能看到自己的阴暗面，却无法看到自己积极的一面。倾听自己的内心，找到真实的自己想去改变和尝试的部分，给自己多一些鼓励和自信才能产生积极向上的动力，为自己的改变之旅提供有力的精神支撑。但同时需要指出的是，即使我们勇敢地倾听自身心事，勇敢地采取行动，可是我们也依然有可能遇到许许多多的挫折，改变的过程甚至比之前经历的过程还要痛苦。这是很正常的事情，任何人在直面过去的伤痛时都会遭遇困境，揭开伤疤的过程本就是一个先痛苦后轻松的过程。

二、实现自我分化，完成蜕变

一个在情感方面达到成熟的人，不仅要做到能在感情上和其他人靠近，还要做到不被其他人的态度、需要和建议等左右。在心理学领域，这种现象被治疗师称作“分化”。想要将自己从原生家庭的伤害中剥离出来，分化是一种非常理想的方式。我们既可以摆脱过去，成就新的自己，也无需与原生家庭彻底分离，以免产生更多意想不到的心理问题。以下是几种实现自我分化和完成蜕变的方法。

1. 了解自己

建立健康有益的个人价值观和生活理念是实现自我分化和蜕变的基石。为此需要了解自己，明确自己的兴趣、优点、缺点和愿望，以便更好地表达自己、代表自己，在与他人互动中强化自己的兴趣、优点和价值。同时，了解自己内在的情感状态是实现自我分化和完成蜕变的关键，以完全的接纳态度来看待内心的问题，接受自己的矛盾和起伏，认识到自己独特的价值和特点，这都有助于更好地实现自我分化和蜕变。

2. 厘清分化步骤

我们要将分化的内容进行分类，按照从易到难的顺序依次进行，比如先在生活习惯上实现自我决定，然后再尝试独立做出一些重大选择。这样做，可以减少对分化的恐惧和分化可能带来的挫败感，以免打击自己的积极性。之后，尝试分化，并时刻注意观察家人的变化。任何人的分化都不只是自己的事情，因为这必然会对家人产生一定的影响。只有观察家人的变化，才能知道分化将会面对什么困难，进而采取相应的措施。

三、把创伤留在过去，拒做永恒的受害者

“我的童年，是在父亲的谩骂和母亲的哭声中度过的。我的父母总是在不停地争吵着，为了一顿饭、为了一个电视节目、为了一次作业。他们总是能因为各种各样的事情吵架，吵到最后却永远给不出一个解决的方法，他们摔凳子、摔杯子、扇我的耳光，然后情绪激动地对我进行谩骂，歇斯底里只是因为一次又一次重复的原因。当他们结束一场吵架之后，爸爸往往会摔门而出，而这时妈妈就会抱着我，哭诉这么多年来她为家庭付出的不容易，哭诉家中无人理解她的辛苦和价值，哭诉她的命运的坎坷。但我从小就在想，或许我、爸爸妈妈，我们的命运都是注定的，天生就要遭受这些，命运让我的家庭满目疮痍，命运使我不得不经受这些，我改变不了任何事情。”

在与原生家庭伤害有关的许多案例中，我们可以发现一个共同的特点：原生家庭会给人带来习得性无助。儿时，我们受困于无法改变家庭的局面，心中产生了自我否定，当这种情绪逐渐扩散开来时，我们会觉得自己无力改变任何事情。即便我们已经长大成人，已经不再像小时候那样弱小和无力，习得性无助也依然会让我们深陷心理泥淖之中。我们始终认为自己还是原生家庭中那个无力的小孩，需要父母的照顾和帮助。我们不愿从原来的思维模式中走出来，不敢表达自己的真实需求和想法。

当我们一次次地用行动告诉别人“你完全不必在意我的存在，因为我很弱小、无能，什么都改变不了”时，别人也许会对我们表示同情，但这也就意味着我们永远无法从受害者的形象中走出来，我们永远都要生活在原生家庭的伤害之中，即便这些伤害现在和未来都不会再发生。在这种局面下，我们真的变成了“永恒的受害者”。

由此可见，童年的创伤之所以让你痛苦，说明在某种程度上，你还停留在过去，没有使过去的那个自己成长。这个时候如果尝试让当下的自己跟过去的自己对话，告诉过去的那个自己：“爸爸打了你，你很伤心，也很委屈，那么小的你确实对此无能为力，但是现在的我已经跟你不一样了，当初的伤害放到现在已经没有那么痛苦了，创伤更多的是一个小孩子的痛苦，而不是一个成人的无助。要向过去告别，要向过去的自己告别，才能真正地拥有现在。”

四、和自己对话，纾解不良情绪

认知取向的心理学流派一般认为，当一个人受到负面情绪的侵扰时，应该多和自己聊一聊，而且最好是进行有声音的交流。通过这种方式，我们可以直面自己的内心

世界，这样更便于找到不良情绪的根源所在，进而可以从根本上解决问题。

自我对话实际上就是积极的自我暗示，让人意识到自己已经做到了最好，完全没有必要感到难过。当我们可以跟自己的内心进行一场平和的对话时，说明我们已经意识到自己所做的努力，并对此表示认可。这种积极的想法，会让我们变得更加坚定和沉稳，这往往可以帮助我们更好地实现自己的目标。我们可以选择在一个安静和舒适的地方，与自己对话。问自己一些有启发性的问题，如："我现在的感觉是什么？""我想要的是什么？""我应该怎样做？"意识到自己的想法和感觉，并在思考过程中得出建设性的答案。

童年创伤往往给大学生们带来很多不良情绪，比如孤独、自责、绝望、委屈，等等。这些不良情绪会对人们的身心健康造成负面的影响。因此，缓解不良情绪对于应对创伤也是非常重要的。缓解不良情绪的具体方法已经在本书第四章进行过详细介绍。

五、寻求专业帮助，走出创伤阴影

在进行心理咨询的过程中，很多心理医生都发现了一个类似的情况：许多人虽然长期受到焦虑情绪的影响，但是并不知道其中的原因，更不会想到，有些焦虑的出现，其实是源于童年时期的某些遭遇。在童年时期，我们或许遭受过某种心理创伤，可是由于年龄尚小，我们并未对其有过多的关注，也没有想过这种创伤对我们会有怎样的影响。随着时间的推移，这种创伤的影响不断累积，到了某个时刻，它就需要出口。一旦被某些事情或人物激发，焦虑的情绪就会爆发出来，给我们带来极大的心理冲击，给生活带来消极的影响。假如说，焦虑已经影响了我们的身体机能，或是让我们感受到非常明显的痛苦，那我们就应该尽快向专业人士请教，采取专业性更强的治疗手段。毕竟，童年经历带来的焦虑有着十分复杂的成因，如果只是依靠个人的经验去自行摸索，那么结果可能是非常危险的。

六、原谅家人，修补内心创伤

1. 不肯原谅的本质是为了让自己继续扮演受害者的角色

在许多人看来，自己的不幸全都是父母的责任，父母当年做了什么，或者没做到什么对自己产生了莫大的影响。实际上，只有小孩子才会把自己的一切寄托在父母身上，也就是说，这类人的心理仍然被束缚在幼年时对父母的依赖关系中，并且坚持用不原谅的方式维护这一关系。

2. 世界上从来就没有“完美”的父母

我们经常会忘记，父母都是有缺陷的。他们不过只是一个个普普通通的人，身上具有各种各样的缺陷与不足。他们在当子女的时候也体验过痛苦和埋怨，在为人父母之后也已经尽其所能。实际上，他们做到了能够做到的最好程度。

3. 父母就像我们自己一样应该被原谅

如果我们能从与父母的关系中跳出来，站在这层关系之外，从头到脚，把父母当作一个完整的人全方位看一遍，就会发现，他们和我们一样，应该被原谅。

4. 原谅父母是走向成熟与独立的必经之路

原谅父母，并不是父母需要我们这样做，而是我们自己需要。如果一个成年人总是埋怨父母当初的问题，说明他还没有成熟到可以为自己的现在和将来负责。

家人是个人生命中最重要的人，可以说，家人是我们生命旅程上不可或缺的存在。因此，和家人和解对于我们的生活来说是非常重要的，与家人和解对于我们在家庭和社会生活中的稳定、平静和幸福感都有很大的影响，它有助于建立良好的家庭关系和稳定的情感基础，让我们的生命之路更加美好和完整。

冥想练习：如何与父母和解

附录：大学生家庭问题与分化成长典型案例及调节方法

❀父母太强势，我该怎么办？

❀总觉得对不起父母，我真的错了吗？

❀为什么父母经常否定我？

❀妈妈总是抱怨爸爸，该怎么办？

❀父母要离婚，我该支持还是反对？

第八章　认识生命与热爱生活

故事引入：亲人意外去世，又难过又消极怎么办

小芯，你好！半年前我爸爸车祸去世了，听到这个消息时我整个人都呆住了，很难相信爸爸就这样离开了。这半年，我几乎每天都是哭着睡着，睡着后总是梦到他。我多希望爸爸能回到我身边，回到这个家里。可是我知道他永远离开了我，永远也不会再回来了，这让我非常难过。而且经过这个事情之后，我变得特别悲观，觉得既然人都会死，而且也不知道什么时候就会死掉，那活着还有什么意义呢？所以整个人变得特别消极，做什么事情都没有兴趣，我知道不应该这样，但我真的不知道自己该怎么办。

感谢星星同学的分享。至亲的人去世，对每个人来说都是一道难过去的坎。更何况还是因为车祸而意外去世，这个打击是非常大的，所以星星同学的痛苦与悲伤小芯特别理解。我想问，星星同学与爸爸的关系是不是非常好？

是的，爸爸从小就对我非常好。在我的眼里他慈爱、宽容而又充满智慧，从小到大我都特别喜欢跟爸爸在一起，他给了我很多支持，也教会了我很多东西。

正是因为星星对爸爸这种深深的爱与不舍，才会让你在长达半年的时间里，都沉浸在痛苦中难以自拔。对此，小芯想说，星星同学可能是潜意识里把陷入悲伤当成了一种纪念爸爸、不忘记爸爸的方法，甚至觉得一旦自己回归正常生活就会对不起爸爸，或是害怕会将爸爸逐渐淡忘。

好像是这样，我不想忘记爸爸，他对我那么好，我总是会想起他，想起我们相处的点点滴滴。

AI支招：

如果是这样，小芯就希望星星同学思考一下爱爸爸的方式，除了在悲伤中与爸爸相遇，还有没有其他爱的表达方式？比如完成爸爸留下的某些遗憾、替爸爸照顾好家人、努力过好自己的生活。然后就是要好好想想，该怎么处理内心深处那浓浓的悲伤与痛苦情绪，为此小芯建议：

整理情绪，尝试将注意力从悲伤中转移出来。尝试回忆你与爸爸之间的幸福时光，用你们之间曾创造的快乐情绪，来覆盖因失去他而给你带来的悲伤。让记忆里的他再帮你一次，帮助你走出这片阴霾。

学会倾诉，每次难过的时候，尽量别自己一个人待着，而是找个人说说话，或者约朋友一起吃个饭，跟对方诉说一下自己悲伤、痛苦的感受。记住，因为失去的是至亲，悲伤痛苦的情绪需要一个比较长的时间，不能期待它几天就能完全恢复，而是需要一次次倾诉，才能彻底从悲伤中走出来。

创造一个独属于他的纪念方式。在特定时间或特定地点，可以是传统的祭奠也可以是你们之间独特的方式。既能定期纪念爸爸，也能在纪念的过程中释放哀思。情绪堵不如疏，这比起强迫自己不悲伤更容易走出来。有了正确的纪念方式，也就不会再用全天的哀伤来表达爱意。

除了处理爸爸离开的悲伤，星星同学还需要重新找回生命的意义感，找回生活的动力，跨跃过去，看到未来。为此，建议星星同学列一份未来计划，或是想一想爸爸有没有什么未完成的事情或者愿望，你帮助爸爸完成。从简单的事情做起，慢慢找回生活在现实的感觉，哪怕只是打扫一下卫生，或者跟朋友打个电话。

最后，小芯想说：死亡是我们必须面对的一个事实，无论它什么时候来到自己或者亲人身边，我们必须勇敢地面对这种逝去，并努力从悲伤中走出来，这个时候你可能会更加珍惜身边的人，珍惜现有的生活，更好地实现自己的生命价值。

谢谢小芯，我会按照你的建议去尝试一下，也会努力地从悲痛中走出来，重新找到爸爸离开后的生活目标，用积极的而不是沉溺于过去的方式来怀念我的父亲。

第一节　生命的含义及特征

一、生命的含义

从生物学的角度看，生命是生物体呈现的包括个体繁衍、成长发育、新陈代谢、遗传变异以及应对外来刺激的反应等多样的复合现象。从哲学的视角看，生命是指生物通过繁殖、代谢、应激、进化、运动等多种行为表现出的生存能力和自我发展的意识。

新教育把生命理解为具有三重意义的生命：自然生命、社会生命和精神生命。自然生命是指个体的物质存在，如身体、组织、器官等。社会生命是指个体与人、自然、社会形成的交互关系。精神生命是指个体的情感、观点、思想、信仰等价值体系。

美国心理学家埃伦·兰格（Ellen Langer）于20世纪70年代开展了一项著名的关于“生命”的心理学实验。该实验将老年人分成两组，一组接受了“关爱生命指导”，鼓励他们通过积极的态度、身体锻炼和社交活动来维持和改善身体和心理健康；而另一组没有接受此指导，继续按照平时的习惯生活。结果发现，接受了“关爱生命指导”的老年人在12个月内的生理和心理健康状况均有所改善。他们的手脚部的柔软度、视力、听力等各项生理指标都有明显改善。更重要的是，他们的精神状态得到了改善，自信心和积极情感都有所提高。所以，关注生命、呵护生命，对个体的健康和幸福感都有着积极影响。

二、生命的维度

1. 生命的长度

自然生命也可指生命的时间概念的长度，即人类的自然寿命。长生不死只是一个神话，生命属于时间，实体性的人有从“生”到“死”的时间界限。人类的生命长度是可以比较的，因为每个人所使用的时间标尺是一样的，没有出现“我的生命的一天”与“你的生命的一天”长度不同的情况。

心理体验

1. 用一分钟时间安静地感受脉搏的跳动。

2. 能否觉察到生命在随着时间流逝？

3. 这一分钟你知道可以做多少事情吗？

4. 阅读材料：

如果死亡只出现一次，我们就没有机会认识它。但幸运的是，生命就是持续的生死共舞，无常律动。每当我听到山溪奔腾、浪涛拍岸或自己的心跳声，就宛如听到无常的声音。这些改变，这些小死亡，都是我们活生生地在和死亡接触。

——索甲仁波切《西藏生死书》

2. 生命的广度

生命世界因其存在的广博、壮美而获取欣赏、赞美与尊重，它包含生理生命、心理生命和社会生命。

生理生命指的是生物的新陈代谢、生老病死，这些都是生物学层次的。这种生命是后两重生命的基础和“载体”。这是生命的最低状态，但也不乏精彩和灿烂。

心理生命主要是从精神层面来看待生命，它传感真谛、承系天地、永世长存，这种生命主宰着人生大义，在一生中或某一时间段，或精进、或创新、或壮举、或新奇、或仁爱、或广袤、或忘我、或牺牲……为生命的最高层次，是最精彩、最灿烂的生命形态。

社会生命即人际生命，主要与生活角色、权利义务和社会关系有关，背负着人生的诸多意义。在家庭中，为子女、为父母、为兄弟；在工作中，为同事、为属下、为领导；下班后，服务于人，亦受人服务。和谐当是其最佳状态。

一个大学生自杀后，会有多少人为他悲伤

我们现在来做一道最简单的算术题，看一看，一个人自杀后，感到悲痛的人会有多少？

比如自杀的大学生是一个独生子女，他有一对父母(2)，一对祖父母(2)，一对外祖父母(2)，再假设其父母各有两个兄弟姐妹(4)，而他们也已成家(4)，并且也都有自己的孩子(4)，那么这个独生子女的至亲就有18个人。

再来看这个学生的社会关系。假设其小学、初中、高中和大学都各只在一个班待过，每个班只跟3个人熟悉，4个班、每班3个人，就又有12个人，再加上从小学到大学的老师，小学老师假设只有1位还记得他，初中老师假设有2位记得他，高中有3位，大学老师要多些，班主任、辅导员，还有其出事后承担全部后事处理的学生处至少5位老师、系里至少5位老师(算班主任和辅导员)，还有校领导至少2名，加上心理咨询中心的老师至少3名，再加上其同宿舍的同学3名或5名(取决于宿舍人数)，再加上其全班同学，通常是30名以上。

还有其发小、邻居，还有爸爸妈妈的朋友，加起来至少也有10个人。

这是以最保守的方式计算的，可是就是这样算下来也已经有将近100个人为他的离去而伤痛或感觉受伤！

所以，自杀怎么可能仅仅是个人的事？

3. 生命的高度

生命的精神属性即精神生命，决定着人的生命高度。生命的高度可以解释为生活的品质和精神层次的高低。一个具有高度的生命可能意味着一个人内心充实、幸福快乐、有着积极向上的思想和态度，也意味着能够将个人理想与国家发展、民族复兴和人类命运结合起来。大学生作为未来祖国建设的中坚力量，要用认真、勤劳、善良、坚持、责任、勇敢书写自己的生命价值；要敢于面对生活的艰难考验，不放弃、不懈怠，为个人的成长、家庭的美好和社会的发展贡献自己的力量；要运用自身的品德、才智和劳动，创造出比自己有限的生命更长久的、不平凡的社会价值，担负起中华民族伟大复兴的历史使命。

综上，生命的长度是生命的广度和高度的基础，而生命的广度和高度是生命的本质。只有集自然生命之长、社会生命之广、精神生命之高，才能够形成一个立体的人。这样的生命体才是我们所认为的完整的人。因此，当代大学生要追求生命的长度、广度和高度，实现人生的意义和价值。

大学生如何拓展“三度”

大学阶段是一个非常重要的时期，大学生活将为学生们日后的生命带来独特的体验和启示。在这一阶段，我们会去思考生命的本质是什么，怎样丰富和充实我们的生活，以下是一些可能派得上用场的建议。

1. 追求生命长度。进入大学，我们应该积极地保持健康的生活方式，养成健康良好的生活习惯，例如坚持锻炼、保持健康饮食、避免吸烟酗酒等。同时，定期进行身体检查，及时发现问题并治疗。

2. 追求生命广度。在大学，我们可以从多个方面拓宽自己的生活经验和知识面，例如学习新的技能、旅游、参与志愿服务、参加社团活动等。结交来自不同背景、学科、地域和文化的朋友，并学会真正理解、欣赏和尊重这些差异。这些经验将在日后的生活与事业中具有重要的价值。

3. 追求生命高度。在大学期间，我们可以从多个方面追求生命的高度，特别是自我成长和能力发展。在学术方面，应该注重学习，发现并发掘自己的兴趣，参加各种学术和研究活动。在社交方面，应该积极探索以结交更多的朋友，扩大人脉网络，同时提升自己交流和沟通的能力。不断挑战自己，面对困难不退缩，并找到自我价值与人生目标，获得个人成就。

三、生命的特征

1. 生命是有限的

人类的自然生命是有限的，死亡展示了生命的有限性。这种有限性主要表现在以下几个方面。首先，人类的自然寿命是有限的。这指的是一个人能够活到的自然年龄。其次，人类面对的命运是无法控制的。各种突发的疾病、人为造成的灾难以及偶然事件都可能使个体的生命突然结束，导致无法达到自然寿命。最后，人的认识经历是不可逆转的。人的生命只有一次，无法重新开始，死亡的焦虑伴随着整个人生，是人生的背景音乐。

死亡是具有必然性的，在这个世界上，最大的自然法则就是“有生必有死”。可以说死亡从出生的那一刻便进入准备阶段了。人不可能一直存在下去，这个世界上不可能存在永生不死的人和事物。死亡还具有不可抗拒性，当死亡来临时，所有人都无法自己选择。另外，死亡具有偶然性，就像本章开头引入的故事一样，意外突然就发生了，也就是说谁也不知道死亡会何时降临到自己头上，也不知道自己将以何种方式死亡。生命的有限性和死亡的必然性要求我们必须珍视生命，但当死亡已经发生的时候，也要接纳面对，处理好死亡带来的悲伤和痛苦。

我的“祭文”

在这个世界上，每一分钟都会有人死去，可是我们都可能会觉得那是离自己很遥远的一件事，现在让我们花几分钟的时间，想象一下如果你此刻正面临着死亡，你要给自己写一篇祭文，你要写些什么？

你可以用自己的格式，也可以参考下面的格式：

__________于今天逝世，享年________岁，出生于________，他/她逝世于__________________。他/她 的____

____

________________将永远被人们牢记。他/她经受了________________

____

____

____

具体的丧葬事宜安排如下：

____

____

____

____。

然后思考下列问题：

1. 起草自己的祭文，你有何感受？你会觉得焦虑或者不安吗？有没有让你想到你以前曾经拒绝或疏于思考的事情？

2. 你认为自己将怎样死亡？是所谓的“自然”死亡、一种致命的疾病死亡，还是意外死亡，如交通事故，还是自己选择的死亡，为什么？

3. 在撰写自己的祭文时，你最难处理的细节是什么？

4. 写完这篇祭文后，你最想做的事情是什么？为什么？

5. 这个活动对你现在所过的生活有什么积极意义吗？

2. 生命是一个奇迹

首先，从浩瀚的宇宙来看，我们每个人的生命都是宇宙的奇迹。宇宙浩瀚无垠，但并不是所有星球都可以进化出生命。地球与太阳的距离使其具备了生命存在所需要的适当温度、充足水分，地球上的植物有机会接受阳光并发生光合作用制造氧气，地球自身足够长的稳定阶段也有利于地球发展出高级生命。大自然经过漫长的演变才出现了生命，其中任何一个微小自然条件的改变，都有可能将生命扼杀于摇篮之中，能成为一种生命，就是一种幸运。

其次，从漫长的历史来看，生命是漫长的自然演化的结果，而生命中作为智慧最高的人类，又曾经历过许多磨难。

再次，从 10 个月生命的孕育周期来看，生命无疑是个奇迹。精子想要和卵子成功结合，需要经过层层关卡，这是一个优胜劣汰的过程。只有生命力旺盛的少许精子能够跟卵子形成受精卵，新的生命才开始孕育。

最后，生命本身也可以创造奇迹。人类自诞生以来，一直在不断超越自己、战胜自己，一个个世界记录的打破，见证了人类在不断刷新自己创造的极限，也表明人类对大自然的认识和改造从未停止。

了解生命的诞生过程

1. 找一张自己出生时的照片（没有的话，也可以是自己最早的照片）。

2. 结合照片，向妈妈了解跟自己出生有关的故事。

（1）在妈妈怀孕期间是否经历困难和风险。

（2）自己出生那天的回忆。

（3）有没有遇到危及自己健康甚至生命的经历。

3. 结合自己出生的故事，谈谈对生命诞生的理解。

3. 生命是独特的

世界上没有两个生命个体是完全相同的，因为遗传的差异性使人们天生具有独特性。人的独特性不仅仅取决于先天的遗传因素，还受到后天形成的个性、思维和精神等因素的影响。

从生物学角度来看，人的生命是父母基因共同组成的。人类的生殖细胞中，包含着 23 对染色体，染色体又含有 3.5 万个基因。在卵子和精子的结合过程中，数万个基因在重组，绝无重复。由此可见，每个人都是独特的，是不可再现和不可替代的。

每一个个体正是通过自身的独特性和唯一性来对彼此进行区分。当一个人意识到他无可取代之时，他就会意识到自己身处于世所背负着的责任；当一个人意识到了他需要承受来自他人的温情，意识到了他需要完成未来的事业时，他就不会放弃自己的生命。因为他已经知道了自己生存的意义，所以他能坦然面对前方的任何挑战。

第二节　追寻生命的意义

一、生命意义感的内涵

生命意义感是个体对自己当下所拥有的生命意义和价值的感知，以及对未来生活意义和目标的追寻。积极的生命意义感可以促使人们以乐观的态度对待生活。生命意义的感受与个体心理功能密切相关。当个体感觉生命富有意义时会产生积极作用，如缓解考试焦虑、恰当调节压力、乐观应对疾病、提升生活满意度等。同时，生命意义感能够持续地预测心理健康。因此，大学生的生命意义感对其今后发展及心身健康至关重要。

有研究者采用横断历史的方法考察近10年以来我国大学生群体生命意义感随年代的纵向变化趋势，结果发现，年份与我国大学生生命意义感呈正相关，且生命意义感总分及其维度得分整体呈逐年上升的趋势，但速度较为缓慢。这说明中国大学生生命意义感随着年份的变化逐步升高，但升高趋势比较缓慢，这一结果与社会经济发展特别是教育水平的提高以及大学生的自我追求都密切相关，具体结果如图8-1所示。

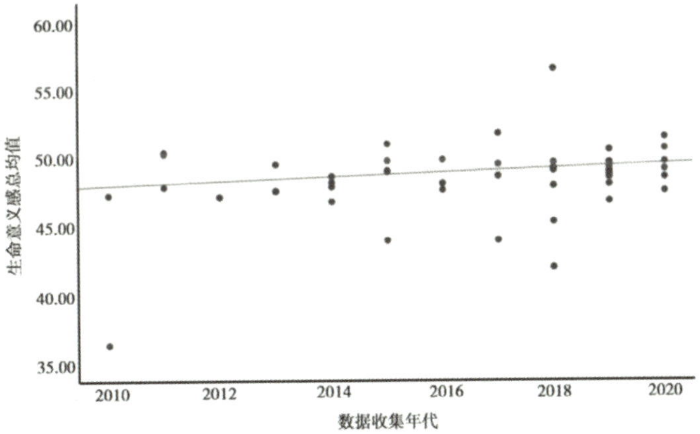

图8-1　2010—2020年大学生生命意义感的整体变化趋势

（摘自《中国大学生生命意义感变迁的横断历史meta分析》）

二、生命意义的不同取向

1. 存在主义心理学取向

存在主义心理学认为生命意义体现在个体拥有的人生目标和经历的人生重要事件中，即个体在实现自己的目标过程中体验到生命是有意义的。该取向认为生命意义包括个体拥有的人生目标和向着目标奋进的动力，而且也包括个体对人生事件和经历所持有的价值观。因此，在存在主义看来，生命意义是一个四维度结构的概念，包括意义如何经历（包含认知、行为、情感）、意义经历的内容、意义经历的多样性和意义经历的质量。

2. 人本主义取向

人本主义心理学家马斯洛认为，在满足低层次的需要、迈向高层次的需要这一过程中，个体会获得更加丰富的生命意义。此外，马斯洛还发现，在需要的最高层次上，即自我实现层次，人们常常提到生命中曾有过一种“神秘”的经历和未曾体验过的幸福感，马斯洛把这种感受称为“高峰体验”，它是通向自我实现的途径之一。因此，在马斯洛看来，生命的意义既来自个体需要不断满足的过程，又来自自我实现的过程，以及经历高峰体验的过程。佰迈斯特（Beumeister）也提出了个体获得意义感的四种需要，即需要获得一种目的感、需要澄清自我价值观、需要培养一种效能感，以及需要拥有自我价值感。这四种需要是个体寻找人生意义的动机所在。如果这四种需要能够得到满足，个体就会感觉到自己的生命充满着意义，反之就会产生挫折感，出现萎靡不振和情绪不稳等情况。

3. 相对主义取向

该取向强调任何信念体系（如对神的崇拜）都能够指导人们获得生命的意义，并认为生命意义感就是个体对人生的积极关注以及对人生理想和生活目的的坚信程度。在该取向看来，如果个体认为生命是有意义的，那么这表示他正在形成一些关于“生命是有意义的”信念，并从这些信念中产生了自己人生的目标以及让自己努力地去实现这些目标的动力。个体只有经历这样的过程才能获得一种积极的意义感。

它与其他理论观点的不同之处在于个体获得积极生命意义的决定因素是信念产生的过程，而非信念本身的内容，这对发展积极的生命意义具有重要作用。

4. 积极心理学取向

积极心理学家迈克尔·斯蒂格（Michael Steger）认为，如果生命没有意义，个体便会面对一种枯燥无味、令人颓废的人生。他将生命意义定义为“个体存在的意义感和对自我重要性的感知”，并提出了生命意义的二维模型，即“拥有意义”和“追寻意义”。“拥有意义”是指个体对自己活得是否有意义的感受程度（强调结果）；“追寻意义”则是指个体对意义的积极寻找程度（强调过程）。斯蒂格认为个体只有积极地寻找生命意义，才能在这个过程中获得真正的快乐与满足，也才能真正拥有“有意义的人生”。

三、如何追寻生命的意义

生命意义感与心理健康状况之间关系密切，引导大学生关爱自我，增强和提高生命意义感是一件非常重要的事情。根据前文关于生命意义的不同取向，可以尝试用以下方法提升生命意义感。

1. 建立明确的人生目标

有一个明确的目标对于人的一生来说很重要。人只有树立了心中期望的目标，才有行动的方向。可以说，目标是思考问题和做出行动的最终指向，是集中所有精力所要追求的东西。目标不仅可以给人带来前进的动力，还会激发人的智慧和潜能，从而让人制订周密的计划，确定做事的方式和思路。在实现人生目标的过程中可以不断丰富自己的人生经历，为自己创造一些有意义、有价值的活动，比如一次非常有收获的调研等，最终通过这些经历形成自己关于人生的信念、情感和行为。

2. 追求个人的自我实现

马斯洛第一次将“自我实现者”的概念引入心理学范畴，他在研究了许多历史上伟人共同的人格特质之后，更详细地描绘出“自我实现者”的画像，指出自我实现者是卓越超群的人，是事业上的成功者。他相信人类具有大量的尚未加以利用的潜力。这种潜力就是人有一种不断朝向自我实现的需要和倾向。自我实现者能够将他们的潜力、天赋、能力等充分挖掘出来并加以利用，最终成为他们能够成为的人。马斯洛的“自我实现者”是多种人合成的有机统一体，有 15 种典型特征，这些特征中被更多关注和认可的主要有以下 6 个：

（1）对世界的知觉是客观的、全面的和准确的，在感知世界时，不会掺杂自己的主观愿望和成见；

（2）对自己的知觉也是客观全面的，能够接受自然、自身及他人的不足与缺陷，不会为这些缺陷而忧心忡忡，可以从容接纳并不完美的自己，看到自己的独特性，尊重自己，信任自己；

（3）在人际交往中，自我实现者具有流露自己真实感情的倾向，他们不会装假或做作，他们的行为坦诚、自然，注重与朋友间的友谊，他们交友的数目虽然不多，同伴圈子也比较小，但友情深切充实；

（4）都喜欢安静独处，这样做并不是因为害怕别人，也不是要有意逃避现实，而是为了在减少干扰的条件下，更好地深思；

（5）更多依赖自己而不是外部环境，能够抵制外部环境和文化的压力，独立自主地发挥思考的能力，自我引导和自我管理；

（6）不会因事物的重复出现而习以为常，失去敏感性，相反，他们对每一个新生儿、每一次日出或黄昏，都像第一次见到时那样新鲜，感觉美妙，经常能体验到无限的美好和自身所具有的极大力量，甚至连平凡的日常活动，也可以被提升为压倒一切的、妙不可言的活动。

根据这些特征，你觉得自己是一个自我实现了的人了吗？如果还不是，那就按照这些内容慢慢地去调整自己，朝着自我实现的方向前进。

3. 提升自我效能感

自信是成功的关键，对于唤起大学生的生命动力起着重要作用。大学新生的心理普测结果显示，那些生命意义感和价值感较低的个体通常也会有较低的自我效能感。也就是说，当面临困难或挫折时，他们更容易认为自己无能为力，无法依靠自身力量找到摆脱困境的方法，从而表现出更多的消极和负面情绪，进而会产生生活的无意义感。因此，大学生可以利用 SWOT 分析法，发现自己并不是充满缺点的，而是有很多优点的。

表 8-1　SWOT 分析法

	积极	消极
内部	S(strengths)优势	W(weaknesses)劣势
外部	O(opportunities)机会	T(threats)威胁

如表 8-1 所示，我们可以据此来分析自己，尤其是当我们专注于消极方面的时

候，完全可以进行自我探索，发现自己的积极方面。或许自己有时候心直口快，在着急的时候很容易伤害到他人，此时，需要挖掘在该方面的优点，比如当意识到自己说话不适当的时候，会很直爽地跟对方解释并道歉，并且也很会关心他人，好朋友会有很多。又或许，感觉社会竞争压力大，自己的专业技能也不强，对未来很是焦虑，但是，我们可以去挖掘周围的机会，比如自己的老师对自己很好，可以寻求老师的帮助等。

4. 为他人和社会做出贡献

生命的价值体现在个人内在价值和外在贡献中。要认识到自己的价值，并不断为自己和社会做出一些贡献。大学生可以积极地参加社会公益活动，这些活动可以让我们更了解社会的需求和问题。在参与这些活动的过程中，我们也可以为社会做出一些贡献，也能够让自己意识到自己为人类做出贡献的意义和价值。

奉献，从本质上讲是一种利他行为，一直以来人们更多关注的都是利他对奉献对象的价值，但根据大学生利他行为与心理健康的研究，发现利他行为与个体的心理健康水平存在显著相关性，高利他行为的人心理健康水平也高，低利他行为的人在人际关系、焦虑、抑郁等项目上与高利他行为的人存在显著性差异。所以将自己服务于人民、奉献给社会是大学生生命意义的重要体现，奉献能让大学生感觉更快乐、更幸福。

生命曲线

此活动的目的是促进大学生对生命历程的理解。

（1）每个人分发一张 A4 纸。首先，按要求在纸上画一条直线，在线条的左侧画上一个实心点，标注上“0”这个数字；在线条的右侧，画上箭头，写上你预计的自己的死亡年龄。在 0 岁与死亡年龄之间，标上你现在的实际年龄。最后，在这条标线的最上方，写上“自己名字+生命线”作为标题。

（2）在 0 岁到现在年龄之间，写上曾影响你最大或令你最难忘的三件事。在你的现在年龄与死亡年龄之间，写上你在离开这个世界之前最想做的或最想实现的三个愿望。

(3)小组交流中,每个人都拿出自己的生命线给其他人看,一边展示一边进行解释或说明,注意自己与他人的反应。

(4)小组交流结束后,每个小组派一位代表在整个班级中交流自己活动后的感受或体验。

注意事项:预测死亡年龄时尽量精确,可以参考的依据为:自身的健康状况、家族的健康状况、生活地域的平均寿命等。

第三节　直面危机 呵护生命

社会竞争日益激烈、学习与就业压力不断增加,加上身体健康问题、情感波折以及经济困难等多种因素的影响,大学生面临越来越多的心理危机,甚至自杀和违法犯罪等恶性事件也时有发生。

心理危机发生后,如果得不到及时有效的帮助和支持,通过调动其自身的潜能重新建立和恢复其危机水平前的心理水平,则可导致精神崩溃,产生自杀或攻击他人的不良后果。因此,大学生要学会直面危机,呵护自己的生命。

一、正确看待自杀的念头

可能有许多人在生活中的某个时刻,都产生过自杀的念头,比如"从楼顶跳下去会怎样"或者是"还不如死了算了,死了就一了百了",但事后冷静下来,这种念头也就没有了,甚至回想起来觉得自己有点儿好笑、小题大做了。有自杀的念头并不一定就是性格缺陷,也不一定意味着你疯了、软弱或得了什么疾病,很可能只是表示现在的痛苦和压力超出了你的承受极限。然而,在时间的安抚和亲友的关怀下,你可以克服问题,痛苦和想要自杀的感觉就会消失。现实生活中,可以说绝大部分人都在某一时刻曾产生过自杀的念头,这是很常见的,也是很正常的。但是如果长时间或频繁出现自杀的念头,甚至出现自杀的行为,那就要小心了。

二、了解自杀背后的误区

当你产生自杀的冲动时,需要走出误区,记住以下几点。

1. 自杀绝不是唯一的选择

出现自杀的冲动时，你可能会觉得除了“自杀”以外，没有其他的解决办法，但事实并不是其他的解决办法真的不存在，而是你目前看不到而已。你现在所经历的强烈的情绪痛苦会扭曲你的思维，因此你更难找到问题的可能解决办法，也很难与那些可以提供帮助的人联系。

2. 看起来无望的问题也有解决办法

即使你之前接受过某种心理疾病的治疗，或者你已经尝试过解决你的问题，你也要知道，在找到正确的解决办法或解决办法组合之前，通常需要尝试不同的方法。在找到适合你的解决办法之前不要放弃，因为几乎所有的问题都是可以得到治疗或解决的。

3. 自杀危机总是暂时的

在生活中，虽然你的痛苦和麻烦似乎永远不会结束，但重要的是要认识到危机通常是暂时的。一旦找到问题的解决办法，你的情绪和感受也会发生改变，那些好的、快乐的事情也会发生在你身边。自杀绝不是解决当下痛苦的最佳途径，而是解决问题最糟糕的办法。给自己一些时间，你会看到事情发生变化，痛苦的情绪和感觉也会慢慢消退。

三、识别自杀危机的线索

能够准确识别自杀危机的表现，具体也就是了解自杀动机在语言、行为、主观体验等方面的表现。一般来说，以下是一些常见线索：

经常流露出无助或者无望的心情，觉得自己什么都做不了；

大脑里经常有想死的念头，甚至跟周围的人说起自杀；

开始考虑自杀的计划，如地点、时间、工具；

不想活的念头非常强烈，觉得只有死亡才可以解决问题；

把自己的重要物品赠与他人，觉得反正自己也用不到了；

以各种形式给自己安排后事。

互动小程序：自杀态度问卷

四、面对自杀冲动的自我行动指南

1. 承诺不会做出过激的行动

即使你现在很痛苦，也要让自己在思想和行动之间保持一定的距离。对自己承诺："我会等 24 小时（也可以是 2 天、一个星期或更长），在此期间，我不会做任何过激的事情。"思想和行动是两码事——你的自杀念头不一定要变成现实，也没有人会强迫你立即采取行动。你只需要等一等，使你的自杀念头和自杀行为之间保持一定的距离。

2. 不独处，不吸毒和酗酒

在你出现自杀念头的情况下，如果你吸毒或酗酒，你的自杀念头会变得更加强烈。当你感到绝望或考虑自杀时，千万不要吸毒和酗酒，这一点很重要。同时尽量不要一个人待着，因为孤独会使自杀的念头变得更强烈，你需要及时向朋友或家人倾诉。

3. 确保身边没有危险物品

拿走你可能用来伤害自己的东西，例如药物、刀具等尖锐的物品，以及其他具有危险性的东西。如果你做不到，那就去一个你感到安全的地方，避免自己在冲动的情况下做出一些伤害自己的不理智行为。听悲伤的音乐、看某些照片、读旧信件、去河边或楼顶，都是危险的举动，这些举动会让你感觉更糟糕，从而增加你的负面情绪。

4. 与信任的人谈论自杀的想法

许多人表示，应对自杀念头和感受的第一步是向我们信任的人倾诉。这个人可以是家人、朋友、心理治疗师、老师、精神科医生等等。找一个你信任的人，让他们知道你的糟糕处境，不要让恐惧、羞愧或尴尬阻止你寻求帮助。如果你接触的第一个人不理解你，请尝试换一个人，和他聊一聊你是如何走到现在这一步的，就可以帮助你释放很多压力和负面情绪，甚至可以帮助你找到解决问题的方法。

即使你已经决定了可以信任的倾诉对象，但向此人坦白你的自杀念头也是很困难的。告诉对方你对自己说的话，如果你有自杀计划，也可以向对方说清楚，但诸如"我受不了了""我受够了"之类的短语是含糊不清的，并没有说明事情到底有多严重。清楚告诉对方你正在考虑自杀，如果你觉得难以启齿，试着把它写下来，然后交给你信任的那个人，或者给对方发一封电子邮件或一条短信，坐在他们身边一起看。

5. 建立对未来的希望

即使是那些感觉和你一样糟糕的人，也能从那些自杀和负面情绪中挣脱开来，回归正常生活。所以，你也应该抱有希望。无论你目前正在经历多少自我厌恶、绝望或孤立，给自己一点儿时间，不要自己一个人去扛。

为了建立这种希望感，可以制订安全计划，明确在自杀危机期间可以遵循的步骤。它应该包括你的医生或心理治疗师的联系电话，以及在紧急情况下可以提供帮助的朋友和家人的联系电话。每天为自己制作一个书面时间表并坚持执行。即使你的情绪失控了，也要尽可能保持规律作息。在保证安全的情况下，每天尽可能运动 30 分钟，可以从一些简单的运动做起，例如 3 次 10 分钟的爆发性运动（跳绳、快跑等），运动会对你的情绪产生积极的影响。

五、积极寻求社会支持

自尊宣言

社会支持是指个体可利用与依赖的外部资源，对维持良好的心理健康状态具有重要意义。当面对困难的时候，大学生要意识到自己周围的同学、朋友、老师、家人等，都是我们可以利用的资源。

首先，同学是大学生最亲近的社交圈子之一。和同龄人交流不仅可以让大学生感到理解和支持，还能分享彼此的经验和智慧。

其次，朋友也是最宝贵的资源之一。真正的朋友会在需要的时候始终与自己站在一起。无论是困难还是快乐，他们都会给予自我真挚的关心和支持。因此，大学生可以通过与朋友聊天、倾诉心声，把困扰和压力释放出来。同时，朋友也会给自身带来积极的能量和鼓励。

再次，老师也是大学生身边不可忽视的资源之一。作为大学生，我们应该充分利用老师的专业知识和经验。无论是在课堂上还是在办公室里，我们都可以向老师请教问题，寻求帮助。

最后，家人也是我们最坚实的后盾。无论是经济上的支持还是情感上的关怀，家人始终是我们可以依靠的人。与家人保持密切联系，倾诉心声，寻求他们的建议和支持，对于我们的心理健康至关重要。

六、敢于向专业人士寻求帮助

受传统文化的影响，大学生在面对个人生活困难时倾向于自我排解，认为时间是最好的心理医生。尽管这种时间疗法在处理琐事时有效，但在面对重大生活事件时，个人往往难以自行排解，这种自我排解反而会造成自我折磨。虽然独立解决问题是一项优秀的特质，但学会寻求帮助也是现代人应该具备的素质之一。特别是在面临自杀危机时，大学生应该尽快向心理老师或心理咨询专业人员寻求帮助。目前高校基本都设有心理咨询中心或心理素质教育中心，可以为大学生提供免费、安全且专业的心理咨询服务，可放心求助。除高校内部的咨询机构，还有下面两条常用的心理求助热线推荐给大学生朋友。

1. 中国心理危机与自杀干预中心救助热线：010-82951332（24小时）

其前身为北京市心理危机热线，开通于2002年底，设在北京回龙观医院。全年无休，每天24小时，由获得北京心理危机研究与干预中心危机干预热线接线员资格认证的心理咨询人员接听，面向公众提供心理健康教育，为有心理危机来电者提供心理支持，为高危来电者降低自杀风险，提供精神心理卫生相关知识，鼓励有心理问题的来电者寻求专业的治疗和提供精神心理卫生机构的转介服务。

2. 全国青少年心理咨询和法律援助热线，12355

“12355”原名“12355青少年维权和心理咨询服务热线”，2006年更名为“12355青少年服务台”，是共青团中央设立的专门面向青少年提供服务的热线电话，该热线的开通旨在为青少年提供心理咨询服务和法律咨询援助，由各级共青团组织建设和维护。

附录：大学生生命教育典型案例及调节方法

❀努力对于人的意义是什么？

❀为什么我过得像个空壳?

❀心理学家眼中的幸福是什么?

❀为什么生活富足却觉得很空虚?

❀做与不做,哪个更容易后悔?

主要参考文献

[1] 陈小异，工洲林，洪显利，等. 学习心理学[M]. 重庆：西南师范大学出版社，2015.

[2] 林崇德. 心理学大辞典[M]. 上海：上海教育出版社，2003.

[3] 车文博. 心理咨询大百科全书[M]. 杭州：浙江科学技术出版社，2001.

[4] 刘文敏，高燕，赵丹. 公共基础课系列：大学生心理健康教育[M]. 南京：东南大学出版社，2015.

[5] 苏京，詹泽群. 大学生心理健康教育（第 1 册）[M]. 天津：天津科学技术出版社，2009.

[6] 罗新兰. 大学生心理健康教育[M]. 杭州：浙江大学出版社，2014.

[7] 乔治·赫伯特·米德. 心灵、自我和社会[M]. 霍桂桓，译. 北京：北京联合出版公司，2014.

[8] 王搏. 原生家庭心理学[M]. 苏州：古吴轩出版社，2020.

[9] 戴维·波普诺. 社会学[M].10 版. 北京：中国人民大学出版社，2000.

[10] 大卫·诺克斯，卡洛琳·沙赫特. 情爱关系中的选择：婚姻家庭社会学入门[M]. 北京：北京大学出版社，2009.

[11] 庄孔韶. 人类学通论[M]. 北京：中国人民大学出版社，2020.

[12] 怀特，韦纳. 自体心理学的理论与实践[M]. 吉莉，译. 北京：中国轻工业出版社，2013.

[13] 詹智昊. 社会工作专业学生专业认同感调研：以四川省成都市某高校为例[J]. 黑龙江科学，2022（17）：6-9.

[14] 何桂华. 手机依赖与大学生认知失败的关系：自我控制的中介作用[J]. 中国健康心理学杂志，2023（8）：1276-1280.

[15] 王晓霞，刘丽. 学生考试焦虑研究综述[J]. 教育理论与实践，2006（10）：29-31.

[16] 龚升彧，郭婉然. 大学生心理弹性对考试焦虑的影响研究[J]. 心理月刊，2023（1）：40-44.

[17] 李文婷. 学生考试焦虑研究综述[J]. 西安社会科学，2010（1）：169-171.

[18] 莫坚义. 罗国斌. 培养正确的自我意识，塑造大学生健康人格[J]. 广西大学学报（哲学社会科学版），1999（A1）：267-268.

[19] 聂衍刚，张卫，彭以松，等. 青少年自我意识的功能结构及测评的研究[J]. 心理科学杂志，2007(2)：411-414.

[20] 黎君. 应对“空心病”，培养大学生积极的自我意识[J]. 大学教育，2021(8)：103-105.

[21] 吴帆. 家庭生命周期结构：一个理论框架和基于 CHNS 的实证[J]. 学术研究，2012(9)：42-49.

[22] 易春丽，钱铭怡，章晓云.Bowen 系统家庭的理论及治疗要点简介[J]. 中国心理卫生杂志，2004(1)：53-55.